农民实用知识读本

做一名合格的营业员

韩 含 主编

中国财政经济出版社

图书在版编目（CIP）数据

做一名合格的营业员/韩含主编. —北京：中国财政经济出版社，2009.7

（农民实用知识读本）

ISBN 978-7-5095-1647-8

Ⅰ. 做… Ⅱ. 韩… Ⅲ. 商业服务-职业教育-教材 Ⅳ. F718

中国版本图书馆CIP数据核字（2009）第093323号

责任编辑：陆广德　　责任校对：杨瑞琦

封面设计：陈　瑶　　版式设计：兰　波

中国财政经济出版社出版

URL：http：//www.cfeph.cn

E-mail：cfeph@cfeph.cn

社址：北京市海淀区阜成路甲28号　邮政编码：100142

发行处电话：88190406　财经书店电话：64033436

北京财经印刷厂印刷　　各地新华书店经销

850×1168毫米　32开　5.375印张　125 000字

2010年11月第1版　2010年11月北京第1次印刷

印数：1—2 000　定价：15.00元

ISBN 978-7-5095-1647-8/F·1422

（图书出现印装问题，本社负责调换）

本社质量投诉电话：010-88190744

做一名合格的营业员

总 策 划　　胡东华

主　　编　　韩　含

编写人员　　韩　含　钟典良　高永军

　　　　　　张怀甫　贺小艳

前　言

营业员最主要的工作就是产品的销售。满足顾客的需求，将商场的优质商品介绍给顾客并进行示范讲解是营业员最基本的职责，同时也是销售工作的核心职责。营业员的工作还包括服务顾客，在必要时协助办理退货退款等。服务是产品功能的延伸，缺乏服务的产品只能称作“半成品”。商场所销售的商品的功效及先进的消费理念只有通过专业销售人员的详细讲解与示范方能得到最佳的发挥与呈现，并在此过程中向消费者渗透商场的管理理念和企业文化，从而形成良好的口碑效应。在市场竞争激烈的今天，服务已成为能否完成销售的重要因素。

作为营业员，你也是商场的形象大使。在顾客眼里，你就是商场企业形象的具体体现，你的销售过程也是传播企业文化和经营理念的过程。你的良好言行能够使顾客对企业产生信赖与好感。营业员是公司与顾客之间的桥梁和纽带，你在工作中既要对公司负责，同时也要对顾客负责，在了解了自己肩负的职责后，你就可以理解为什么公司如此重视营业员的工作了。今天，在崭新的市场环境下，配合公司经营方式和管理制度的重大调整，广大的营业员正在将工作重点转移到销售产品、服务顾客及培育忠实顾客群上来。

本书包括销售技巧、顾客服务、市场营销及顾客消费心理分析等方面内容。目的在于建立较完整的理论体系作为系统化的工作指引，帮助营业员在从日常销售实践的基础上，将销售工作达到一个崭新的高度。

营业员的形象已不再是点头哈腰、对人态度好就够了。换句话说，营业员在谈生意的过程中，既要充分体现服务的宗旨——一切为了顾客更满意，又要完成交易——实现企业的赢利目标，这并不是一件容易的事，没有相当的能力是办不好的。

编者

于北京大学

目　录

第一章 求职的基本常识

第一节 择业

择业是我们参加工作首先要面临的问题，因此如何选好工作以及选工作时应该注意些什么，这些都是我们要掌握的知识。

一、求职方式

（一）通过劳务市场、职介所择业

这是一种常见的择业方法之一。采取此种择业方法，择业者事先应对中介机构的资质进行了解，看该机构有无劳动部门发放的《劳务市场许可证》、劳务派遣机构资质证书、中介资格证书或其他国家机构发放的资格证书，看其是否与求职者签订劳动合同或家政服务合同。择业者作好前期调查工作可以避免被黑中介欺骗。

（二）通过亲朋同乡择业

这种方式比较原始，但比较现实和安全。不过也存在一些弊端，一是就业面较窄，一旦事先约定的雇主没有相中，择业者往往是进退两难，容易造成长期滞留。二是由于是私人之间的相互

介绍，双方没有签订服务合同，一旦发生服务纠纷，营业员的合法权益难以得到保障。

（三）通过劳务信息择业

目前，在城市中信息服务非常发达，在报刊、杂志、网络上都可以获得大量有关营业员招聘信息。但在选择雇主时要特别慎重，首先对信息的真实性进行确定，然后可先通过电话进行必要咨询，如果安全性得到确认后，再选择面谈，第一次见面最好选择在公共场合，如果对方要求到居住地会面最好约上一个伙伴同行。这种择业方法比较灵活随意，仅适合城市失业人员和少数具有丰富城市生活经验的务工人员采用。

（四）通过劳务输出择业

这是一种由政府出资对外出的农民工进行岗前培训，然后再由相关的部门实行定点输出的一种方式。有组织有计划的劳务输出，减少了农村劳动力外出务工的盲目性，前期的职业培训为农民工提供必要的服务技能，统一组织外出保障了路途上的安全，定点输入保证了农民工在输入地得到快速妥善的安置。这种择业方法主要特点是比较安全可靠，能够较好的起到保护外来务工人员的合法权益的作用。从业人员可以到当地的劳动部门、妇联组织或从事劳务输送工作的中介机构报名，通过这些组织机构来实现择业的目的。

以上我们介绍了四种常见的择业途径，鉴于目前我国的劳动力市场发育尚不成熟，各省市、地区劳务输出工作的情况不同。另外，我国的营业员服务行业也正处在发展阶段，行业还没有形成一系列完整的政策法规和管理细则。因此，从事营业员的城市失业人员或农村务工人员无论选择何种择业方式，都应依据各地的实际情况，结合自身特点，选择适合自己的择业方式。总而言之，通过正规的劳务输出渠道，选择正规的超市、商店、卖场等服务机构是择业的最好方法。职业中介机构是营业员和雇主之间的桥梁和纽带，它为雇佣双方提供洽谈的场所，提供服务依据和服务标准，为双方签订劳动合同或家政服务合同。中介机构能起监督协调作用，能维护双方的合法权益。

二、求职前的准备

做好择业前的准备工作，有利于择业者顺利就业。准备工作包括个人健康、证件、物品、心理素质、个人形象等多方面的准备。

（一）身份证

必须具有年满 16 岁的合法身份证件。

（二）健康证

具有无传染病、慢性病、腋臭、皮肤病、纹身和精神病史，持有县级（含）以上医院的健康证。

营业员需做以下检查：

1. 是否是呼吸道传染病患者及其带菌者。结核病发病率目前在我国呈上升趋势，而且以农村和小城镇人口居多。结核带菌者不作医学查体很难对其健康状况作出正确判断，所以更具危险性。

2. 是否是肠道传染病患者及其带菌者。营业员是从事公共服务的工作人员，如果本身携带细菌性痢疾、阿米巴痢疾、伤寒、甲型肝炎、戊型肝炎等传染性疾病，对公共卫生的影响十分严重，所以营业员必须身体健康，没有传染性疾病。

3. 是否患有病毒性肝炎。主要是指乙型肝炎和丙型肝炎，我国乙肝病毒的人群感染率约 9.8%，丙肝病毒人群感染率约 3%，感染人口基数庞大。一般的面试过程很难发现异常，必须靠正规医学检查才可以查出。营业员如果患有此类疾病，对公共卫生将产生严重影响，不仅危害自己，也对周围同事、顾客的健康产生威胁。

4. 各种皮肤病检查。化脓性、渗出性皮肤病，如疥疮、癣、脓疱疮等都有可能通过人体的接触传染，营业员每天接触大量的顾客，如果患有此类疾病，将会对顾客的健康产生影响。

5. 最好检查一下是否患有沙眼、急性出血性结膜炎等有碍公共卫生的其他疾病，这类疾病传染性特别强，营业员应该避免感染该类疾病。

（三）素质准备

作为优秀的营业员，除应参加职业培训之外，自身也应具备一定的素质。概括地说，应具备以下几方面：

1. 基本素质

（1）营业员应身体健康，无各种传染病，身体抗病力强。体弱多病的人是无法胜任超市、卖场服务工作的。

（2）爱祖国，拥护社会主义，品质好，不信邪教。

（3）热爱营业员工作，有吃苦耐劳的精神，热情、大方。

（4）营业员要有一定的文化素质，应具备初中以上文化程度，识字，会常用计算方法，对数字敏感，文盲不适宜做营业员。

（5）具有陈列摆设、居室美化等方面知识。

（6）掌握防火、防煤气泄漏、防盗、安全用电等方面知识，遇事冷静，处事果断。

2. 心理素质

（1）性格开朗，爱说爱笑。

乐观主义者“乐”的情绪容易使顾客受到“乐”的感染，进而使服务更加周到、热情。

（2）有自信心，不卑不亢，营业员工作是社会服务工作的一部分，营业员在提供服务时应不卑不亢既不能认为自己从事的工作低人一等，也不能认为自己高高在上，谁离开我也不行。自卑、高傲的情绪是做好营业员工作的大敌。只有热爱营业员工作，相信自己能胜任这项工作，不卑不亢，才能成为优秀的营业人员。

(3) 具有良好的行为习惯。这些行为习惯包括文明礼貌习惯（如礼貌用语，接人待客的基本礼节，社会公德等)。因为营业人员代表的是企业商户的形象，如果营业服务员有诸多的不良习惯，那么她将会给顾客带来不好的印象，从而影响了企业在顾客心中的形象。

(4) 能讲标准的普通话。营业员每天要接触大量的顾客，每个客户所讲的语言都不一样，为了方便与客户的交流，所以营业员的普通话要标准。

3. 营业员素质的具体要求

(1) 语言训练及服务

营业员必须用语言来启动对顾客的服务。过去一些营业员习惯用“您想买什么?”语言与顾客开始沟通。这句话的弊病也颇多。如果顾客是来店参观商品的，顾客会回答道“不买什么，只想看看，不可以吗?”有的顾客可能不予回答便停止观看商品而离去。这些都对销售不利。

因此，营业员要学会灵活地运用接待语言，既表示对顾客的欢迎，又启动沟通继续是必要的。方法是根据顾客所在营业现场的环境，以及顾客的特点，恰当地使用接待的语言则会显得随意而亲切。

例如，“你想看哪种商品?”“您看过这种商品吗?”“您对商品有什么想法吗?”这样的沟通语言与商场的环境融洽，也便于顾客回答。当然，接待语言不强行一致，营业员可以根据具体情况使用，只要能建立起沟通，顾客感觉好就可以。

（2）服务技术与技巧

营业员为顾客服务的技术是其商品指导、心理学知识、计算能力、书写能力、包扎技术等方面的综合体现。营业员对自己所经管的商品知识应该熟知，不能够在顾客了解商品的说“不”，而应该有问必答，符合事实，符合情理。虽然市场上的新商品日益增多，但营业员都要先于顾客学习，掌握其性能、特征、操作方法及禁止项目等，以至能够向顾客传播。

营业员也要练就速算技术，迅速准确计算价格，正确书写出来。对商品包扎达到美观、结实、方便顾客携带。这样才使顾客对购买商品的过程感到满意。

营业员为顾客服务，使顾客满意，还需要有娴熟的服务技巧。技巧是一种应变能力，也是一种经验。服务技巧是营业员能根据不同的顾客特点提供相应的服务，而使顾客满意。

（3）仪表举止

营业员的仪表举止表现着自身的素质、修养、可信程度。实际上顾客在购买商品的过程中也选择营业员，他们往往通过对销售人员仪表举止，判断并确认某位营业员能够提供满足自己需要的服务。

营业员的仪表是指营业员在工作中的穿着打扮以及卫生状态。营业员穿着合体整齐洁净，打扮大方，显得精神饱满，会给顾客带来洁净、安全、愉快、信任感，使顾客乐于与之交换意见，放心地购买商品。相反，营业员穿着不卫生、式样古怪和过于花俏的服饰，则使顾客产生不佳印象，很难相信他或她对商品的介绍，甚至会放弃选购，也损害商店的形象。

第二节 就 业

一、就业前的准备

（一）正确理解营业员是社会经济发展需求

职业是社会劳动分工的产物，每一种职业，都是社会物质生活和精神生活总体系中的一个组成部分，任何职业都是社会分工的产物，所以说：职业没有高低贵贱之分，仅仅是分工不同。如果我们从事了这份工作就是参与了社会分工，有了参与社会活动的方式和领域就能为社会作出贡献，实现个人的人生价值，确切地说就是干活吃饭，挣钱养家。所以在就业之前就应树立正确的职业心态，克服世俗观念，克服自卑心理。

（二）面试技巧

不论你参加何种类型的面试，以下的建议可以说是百试百灵，马上为你送上成功大补丁：让考官喜欢你！这些技巧在应对营业员面试时也照样好用。

1. 找出你和面试官的相同点

不管面试的类型设计得如何科学，让人喜欢的气质在对方决定谁能获得职位时总是起着很大的作用。欣赏我们的人是与我们的兴趣、观点相同的人，这是人之常情。

你和面试官也许并不完全相同，但你应该找出你们兴趣相同的方面：比如共同喜欢的电影、工作方法、产品等等。如果你成功地使有权决定录用员工的面试者看到了你们的共同之处，例如世界观、价值观以及工作方法等，那么你便赢得了他的好感并因此获得工作机会。

2. 聆听面试者的问题、评论或者感受

人们喜欢别人听自己说话胜于自己听别人说话。你应该通过总结、复述、回应面试者说的话，使对方喜欢你，而不是仅仅注意你要说什么。

3. 赞美时不要做得太过头

当看到办公室好看的东西时，你可以趁机赞美几句以打破见面时的尴尬，但不要说个没完。多数面试者讨厌这种赤裸裸的巴结奉承。相反，你应该及时切入正题：工作。

4. 讲话停顿时显得像是在思考的样子

这么做能使你显得是那种想好了再说的人。这种做法在面对面的面试时是可以的，因为面试者可以看得出你在思考而且是想好了才回答。另外，在电话面试时，不要作思考的停顿，否则会出现死气沉沉的气氛。

5. 适当作笔记

随身携带一本小笔记本。在面试者说话时，特别是你问完一个问题之后，或者他在特别强调某件事情时，你可以作些记录。作笔记不仅表明你在注意听，而且也表明你对面试者的尊重。

二、面试注意事项

（一）杜绝小动作

当着人挖耳朵、擦眼屎、剔牙缝、擦鼻子、打喷嚏、用力清喉咙都是粗鲁与令人生厌的小动作。在面试时应该努力避免这些令人难堪的小动作。这些小动作会影响到面试官对你的态度，应该避免这些小动作的发生，你可以将双手交叠在膝上，用拇指指甲抚弄着另一只手的掌心，这样你的双手就会被服贴地管制住。即使喷嚏难以抑制住，打过之后你也应该礼貌地向面试官说一声对不起。这样，被喷嚏所破坏了的谈活气氛又可以显得轻松许多。

扮鬼脸也是一种不雅的小动作。有些人表情丰富，总爱在脸上表露出对别人说话的反映，或惊喜，或遗憾，或愤怒，担忧，表达这些情绪时，他们总是歪嘴、眨眼、皱眉、瞪眼、耸鼻子，这就是扮鬼脸。这种鬼脸在平时人与人的交往中或许有好的效果，但在面试时却对你十分不利，应注意自己的表情并加以克服。

还有一类小动作就是为了掩饰内心的紧张和烦躁而去抓头皮、弄头发、搔痒痒。克服这类毛病并不难，保持轻松自在的坐势，如果带有公文包，可用手握着包、或手握手也行。另外，不要嚼口香糖，也不要在面试的过程中吸烟。

（二）“站有站相，坐有坐相”

在面试中，正确的站姿是站得端正、稳重、自然、亲切。做到上身正直，头正目平，面带微笑，微收下颌，肩平挺胸，直腰收腹，两臂自然垂，两腿相靠直立，两脚靠拢，脚尖呈“V”字型。女士面试两脚可并拢，站立时，如有全身不够端正、双脚叉开过大、双脚随意乱动、无精打采、自由散漫的姿势，都会被看作不雅或失礼。

坐姿包括就座的姿势和坐定的姿势。入座时要轻而缓，走到座位面前转身，轻稳地坐下，不应发出嘈杂的声音。女士应用手把裙子向前拢一下。坐下后，上身保持挺直，头部端正，目光平视前方或交谈的面试官。坐稳后，身子一般只占座位的 2/3。两手掌心向下，叠放在两腿之上，两腿自然弯曲，小腿与地面基本垂直，两脚平落地面，两膝间的距离，男子以松开一拳或两拳为宜，女子两膝两脚并拢为好。无论哪一种坐姿，都要自然放松，面带微笑。面试过程中，不可仰头靠在座位背上或低着头注视地面；身体不可前仰后仰，或歪向一侧；双手不应有多余的动作。

双腿不宜敞开过大，也不要把小腿搁在大腿上，更不要把两腿直伸开去，或反复不断地抖动。这些都是缺乏教养和傲慢的表现。

（三）女士的装扮

1. 服装要得体

女士求职服装一般以西装，套裙为宜，这是最通用、最稳妥的着装，不论年龄大小，一套剪裁合体的西装、套裙和一件配色的衬衣或罩衫外加相配的小饰物，会让人看起来显得优雅而自信，会给对方留下良好的印象。切忌穿太紧、太透和太露的衣服。

袒胸露背一般是西方女士参加社交活动的传统着装，但在我国却不一定适合。不要穿超短裙（裤），不要穿领口过低的衣服；夏天，内衣（裤）颜色应与外套协调一致，避免透出颜色和轮廓，否则，会让人感到不庄重、不雅致，也给人轻佻之感，这是求职之大忌。

大量的求职实践表明，不论是应聘何种职业，保守的穿着会被视为有潜力的候选人，会比穿着开放的求职者更容易被录用。

女性求职者服装的颜色可有多种选择，有些女性认为面试时一定要穿黑色套装，这种穿法虽然十分稳重，但是现在社会已能接受一些较鲜艳的颜色，比如，谋求公关、秘书职位的女性穿黄色服装就容易被主试人接受，因为黄色通常表现出丰富的幻想力和追求自我满足的心理。红色能显示人的个性好动而外向，主观意识较为强烈而且有较强的表现欲望，这种颜色感染力强，容易打动面试人，令他人振奋，给印象深刻。不过，女性应该避开粉红色，这种颜色往往给人以轻浮、圆滑、虚荣的印象。

2. 鞋子要便利

女士如何穿鞋也有学问，总的原则是应和整体相协调，在颜色和款式上与服装相配。面试时，不要穿长而尖的高跟鞋，中跟鞋是最佳选择，既结实又能体现职业女性的尊严。设计新颖的靴子也会显得自信而得体。但穿靴子时，应该注意裙子的下摆要长于靴端。

3. 袜子要合适

袜子不能有脱丝。时装设计师们都认为，肉色作为商界着装是最适合的。为保险起见，你应在包里放一双备用，以免脱丝能及时更换。另外，不论你的腿有多漂亮，都不应在面试时露着光腿。

4. 饰物要协调

公文包或手提小包。带一个即可，不要两个都带。在多数面试场合，携带公文包比手提小包体现出更多的权威。你可以把手提包的基本内容放进一个无带小提包，然后把它装进公文包内，但不要把包塞得满满的。如果你个子较矮小，包则不宜过大，这样会极不协调。

5. 帽子要搭配

不管是否戴帽子，对此必须持谨慎态度。假如帽子与全身着装很相配，就请选择一顶既无饰边也不艳丽却很雅致的帽子。一般有面纱的松软宽边的法式帽子在生意场上易使人心烦。

6. 首饰要少戴

首饰尽量少戴，应避免像吉卜赛人一样几个手指都戴戒指。拇指戒指不能为人接受。耳环应当小巧且不引人注目。为了使面试官感到舒适，注意力集中，戴的耳环不要过长，以免发出叮当的声响或者触及脖颈，甚至挂到衣服上。朴实无华的项链就挺好，但别戴假珍珠或华丽的人造珠宝。令人喜爱的手镯是完全可以接受的，但镯子上的小饰物应当避免，其他刻有你名字首字母的首饰也应避免。面试时一定不要戴脚镯。总之，面试时戴首饰的重要原则是：简单、大方、量少。

第二章
了解营业员的工作内容

第一节 商店的工作制度

一、商店的工作制度

在你工作之前，最好先了解商店的有关制度

（一）工作时间内的规定

1. 不迟到，不早退，不擅自离开岗位。

2. 穿工作制服；禁止大声喧哗和来回奔跑；私人的包裹和其他物品应放在指定地方保管；严禁带入商场；要热情待客、礼貌服务。

3. 自觉搞好店内、店外的环境卫生和商品卫生。

4. 严禁在有顾客的情况下做任何下班前的准备。

5. 准备好明天上班用的各种备用品，比如购物袋、发票等；各柜台做好整理和清扫工作。

（二）休息时间的规定

用餐及休息时间不得在商店内购物；在商店内用餐应以顾客优先，先满足顾客的需要；外出必须得到部门领导的同意，并说出要去的地方，所需时间，并在规定时间内返回。

具体超市营业员相关规定可见附则《超市员工守则》。

二、了解你销售的商品

（一）价格标签

商品标签上的商品名、生产日期、生产地、价格等内容是否完整；商品是否全部都已打上价格条形码；商品价格标签上的标示与宣传单上列示的价格是否相符。

（二）商品质量

所标明的名称与实际的产品是否相符；有无限期使用未标明失效时间的产品；是否有失效、变质的产品；有无掺杂使假，以假乱真，以旧充新，以次充好，伪造商标，假冒名牌的产品；是否有其他违反国家安全、卫生、环境保护、计量、质量等法律法规的。

第二节　营业员的准备工作

柜台是营业员的家，柜台的准备工作就像吃饭做菜一样，是每天的必修课。

一、清洁店内商品

商品要轻拿轻放；不能用湿布抹的商品要用干布或用鸡毛掸去除商品上的灰尘；抹擦干净后要及时摆放好商品；包装破损的商品应重新换好包装；字迹模糊不清的商品应重新写清楚。小提示：清洁工作应轻手轻脚，认真仔细；在清洁中，检验商品是否有短缺，并及时补充。

二、检查照明设备

灯泡、电线是否有故障；照射角度和效果是否能充分展示商品；

小提示：检查照明设施要注意安全，负责家电、金银首饰等柜台的营业员更要用心做好检查工作。一定要在每天营业前做好检查工作。

三、地板清洁

柜台除了必需的工作用品外，不准堆放其他杂物，应保持清洁；应用玻璃清洁剂，抹至光亮为准；地板用托把或吸尘器拖洗干净；

小提示：准备工作必须在开始营业前完成；不能让客人看到清洁用具；勤洗抹布，保持抹布清洁；垃圾倒在指定的地方；打扫完卫生后，及时摆放好店内的物品。

四、准备上班用具

准备计价器、计量用具、包扎品、宣传手册、零钱、销售用品等。

小提示：对于自己负责管理的柜台、货柜，要确保无积尘、无污迹；在货架上，各类商品不仅要分类码放，而且必须码放整齐；离开店时间还有一分钟时，店员如果还有一些准备工作尚未完成，就应立即停止，不能让顾客看到准备工作。

第三节 了解收银员的工作

不管你是不是收银员，了解收银员的工作内容可以帮助营业员引导客户购买商品。

一、收银类别

（一）现金收款

计算商品的金额；将收款条与商品进行核对，确认无误；辨清票面金额，真假，应使用验钞机；按顾客要求，认真、清楚填写发票的各项内容，并请顾客签名；将余款、货物、发票再次确认，无误后交给顾客，并感谢客户惠顾。

（二）刷卡

检查可接收的信用卡；核对信用卡是不是在能使用的范围；核对信用卡是否过期或未到期；进行刷卡；持卡人签名，将签名与信用卡核对；最后将信用卡、身份证、收款条、货物一起交给顾客并致谢。

二、收银员的服务技巧

（一）收银员的基本用语

在人来人往业务繁忙的商场，由于顾客需求的多样性和复杂性，难免会有不能满足的情况出现，使顾客产生抱怨，而这各种的抱怨又常会在付账时对收银员发出，因此，收银员应掌握一些应对的技巧：

1. 暂时离开收银台，应说：“请您稍等一下”

2. 重新回到收银台时，应说：“真对不起，让您久等了”

3. 自己疏忽或没有解决办法时，应说：“真抱歉”或“对不起”。

4. 提供意见让顾客决定时，应说：“若是您喜欢的话，请您……”

5. 要希望顾客接纳自己的意见时，应说：，“实在是很抱歉，请问您……”

6. 当提出几种意见请问顾客时，应说："您的意见是怎么样呢？"

7. 遇到顾客抱怨时，应仔细玲听顾客的意见并予以记录，如果问题严重，不要立即下结论，而应请主管出面向顾客解说，其用语为"是的，我明白您的意思，我会将您的建议汇报经理，并尽快改善。"

8. 当顾客买不到商品时，应向顾客致歉，并给予建议，其用语为："对不起，现在刚好缺货，让您白跑一趟，您要不要先买别的牌子试一试？"或"您要不要留下您的电话和姓名，等新货到时立刻通知您？"

9. 不知如何回答顾客询问时，不能说"不知道"应回答"对不起，请您等一下，我请店长来为您解答。"

10. 顾客询问商品是否新鲜时，应以肯定确认的态度告诉顾客："一定新鲜，如果买回去不满意，欢迎您拿来退钱或换货"。

11. 顾客要求包装礼品时，应告诉顾客（微笑）："请您先在收银台结账，再麻烦您到前面的服务台（同时打手势，手心朝上），会有专人为您包装的。"

12. 当顾客询问特价商品时，应先口述数种特价品，同时拿宣传单给顾客，并告诉顾客："这里有详细的内容，请您慢慢参考选购。"

13. 在店门口遇到购买了本店商品的顾客时，应说："谢谢您，欢迎再次光临"。

14. 收银台空闲而顾客不知道要到何处结账时，应该说："欢迎光临，请您到这里来结账好吗？"（以手势指向收银台，并轻轻点头示意）

15. 有多位顾客等待结账，而最后一位表示只买一样东西，且有急事等办时，对第一位顾客应说："对不起，能不能先让这位只买一件商品的先生（小姐）先结账，他（她）好象很着急。”当第一位顾客答应时，应再对他说声“谢谢”。当第一位顾客不答应时，应对提出要求的顾客说：“很抱歉，大家好像都很急。”

（二）营业员应该禁忌的服务表现

1. 不说话

营业员在为顾客做结账服务时，从头至尾不说一句话，只是闷着头打收银机，脸上也没有任何表情。找钱给顾客时，未进行装袋工作，或进行下一笔结账作业。

2. 商品不分类

为顾客做装袋服务时，不考虑商品的性质，全部放入同一购物袋内，或者将商品丢入袋中。

3. 不耐烦

顾客询问是否还有特价品时，收银员以不耐烦的口气用一句话来打发顾客。例如：“不知道!”；“你去问别人!”；“卖光了!”；“没有了!”；“货架上看不到就没有了!”；“你自己再去找找!”等。

4. 态度敷衍

收银员彼此互相聊天、谈笑，当有客人走来时，往往不加理会或自顾自地做事。等到顾客开口询问时，便以敷衍的态度回答，然后继续聊天或做自己的事。

5. 擅自离开岗位

当顾客询问时，只是让对方等一下，即离开不知去向，由于没有告诉对方离去的理由，使顾客不知所措，到底要不要等或等多久。

6. 议论他人

在顾客面前，和同事议论或取笑其他的顾客。

7. 浪费时间

当顾客在收银台等候结账时，负责该柜台的收银员突然告知顾客："这台机不结账了，请到别的收银台去"，即关机离开。让排队的顾客浪费了许多等候的时间又必须重新排队。

三、收银员的实操技巧

（一）收银员如何识别真假钞

1. 识别真假美钞

（1）手感法

真美钞四个角上的面额数字用手摸起来应有凸凹感；

（2）针挑法

真美钞票面的空白处，应有一些极细小的红色、黑色丝，这种金融丝为制种用针尖可将其挑出，却不易折断；

（3）擦试法

真美钞票正面右侧的绿色徽记和绿色号码，在白纸上用力一擦，纸上应留下"绿痕"；

（4）直观法

真美钞的纸质较细腻，且颜色呈深、浅色，用肉眼看，正面人物的肖像显得有"神儿"，背面花纹、建筑图案及"上帝与我们同在"一词的印刷清晰度高，比例、大小均匀。

2. 识别真假人民币

（1）眼看

透过光线，真人民币背面显现出满版的五角星，满版的布币，天安门、工人头像、毛泽东头像的水印凹凸清晰，栩栩如生。在阳光下，假钞则没有水印。

（2）手感

真人民币表面凹凸不平；假钞则表面平平没有起伏。验钞机验，验假人民币时，验钞机会发出警报声音。

（二）装袋技巧

不同性质的商品必须分开大小袋来装；重、大、底部平衡的东西放置袋底；容易破损、破碎、较轻、较小的商品置于上方；液体商品应先用其他购物袋包装好，再放入大的购物袋内；商品低于袋口，方便顾客提拿；提醒顾客带走包装好的购物袋，以免遗忘在收银台上。

（三）巧用零钱

每天营业前，必须准备好一定金额的零钱；零钱不足时不要大声喊叫，也不能在营业时间与其他柜台互换。应提前告知主管。

（四）打折服务技巧

明确购物折扣的对象；购物折扣的有效日期；请顾客出示会员卡或折扣证明；保管好折扣存单，以便查核。

（五）如何处理顾客兑换要求

为了避免影响正常收银及欺诈，顾客用纸币兑换纸币的要求，婉言谢绝。

（六）如何应对开错发票

收银出错时必须礼貌地先向客人解释、致歉，并立即更正；如果发票打错，应立刻将发票收回，重新打印一张正确的发票交给顾客；礼貌地请顾客在作废的发票上签字。待顾客离开后，在一定时间内将发票记录本填妥，并通知主管部门。

（七）收银机的使用

每出售一种商品都必须将金额输入收银机；每日缴款时，必须把当日销售总额打出，然后将记录纸撕下连同日报表统一交给缴款员；在使用收银机时，不能将收银机作为计算器使用。

四、收银工作案例分析

（一）收银要唱收唱付

“您好，共××，收您××，找您××。”双手接顾客的钱，双手递给顾客找零的钱，并带上收银小票。顺带提醒顾客请点一下钱。

（二）20 元以上的都要过机验钞

（三）找顾客零钱尽量找新的钱，破旧的缺角的要兑给店长存入银行

（四）不要当着顾客和新来的同事动钱箱下面的按钮开钱箱

收银除了遵循必要的收银制度外，还要防止被骗，下面是一些案例供收银员工作中做参考。

案例 1：一位顾客给一张真100元，营业员问是否有零钱，他说有。营业员把 100 元的退给他，等他的零钱。结果他翻了一下口袋说没有，又重新递给你一张 100 元的。这种情况你要注意这张钱了，很大可能是假的。所以强调整钱都要过机。

案例 2：二位两位顾客在收银台都拿着100元整钱催营业员收钱，同时递钱给营业员。但是其中一位又把钱缩回去了，最后二位都要求找钱。这时候营业员要清醒点，千万别慌。所以收银要按顺序来，可以跟等待的顾客说声，不好意思，我收完这单马上给你买单，请您稍等一会。另外，收银要讲究效率速度要快。

案例 3：两位顾客，一位在收银台买单，另一位顾客在那询问其他东西，催营业员拿给他看。营业员不想怠慢他，就会把买单的钱放进钱箱没来的及关就去拿东西招呼另一个顾客。结果买单的那个顺手牵羊，在钱箱拿钱。提醒：一个人当班要看好自己的钱箱，人离开钱箱要关好钱箱。

案例 4：顾客伸出一双脏手跑到收银台恳求进里面洗个手。

会趁营业员不注意的时候翻抽屉拿东西。提醒：贵重物品（手机，钱包等）不要放在抽屉里。另外非工作人员不能进入收银台内。如果是公司的人，要求他出示工作证并且打电话给店长确定是否有此人。

案例5：一位顾客买完单后出去一会跑回来说营业员找给他一张假钱，要求换或者索赔。所以提醒：找钱给顾客的时，一定要提醒顾客点清钱。这样就可以避免这种出门后回来的麻烦。

案例6：一位顾客用一张100元的整钱买单，对营业员找的钱要求换，而且换了又换，最后自己去钱箱里挑。提醒：找给顾客的钱最好是找钱箱里新点的钱。另外只要找了钱就立马关钱箱。如果遇到顾客要换钱，你可以说这张是里面最新的钱，也是真的，我看没必要换了吧，而且我的钱箱已经关了不易打开，只有等下位顾客买单才能开。

案例7：一位顾客进店顺手拿了一瓶饮料比如是3.5元的牛奶来买单，丢下3元转身要走，营业员会说先生您好一共是3元5角，您还需付5角。他会把零钱收回去，然后递给营业员一张100元假币，而且还在那说这东西怎么这么贵比超市都贵，要你给予解释，想打扰营业员看钱。提醒：学会看顾客的眼神和表情。骗子一般行骗都是有点慌的，眼睛不敢看人的。另外只要是整钱都要过机，不要因为跟顾客说话就忘记了过机。

案例8：一位顾客来店说是公司某领导的朋友，需要在商店这里定个蛋糕，但是身上忘记带钱了，递给一张名片，说上面有她的联系电话，并说明天来拿蛋糕的时候再给钱。当营业员同意后又说想带几个面包回去做早餐，明天早上跟蛋糕钱一起付。提醒：这种情况要打电话给她说的那个领导，确认是否有此人。另外来店定蛋糕是一定要交定金或者付全款。如果是电话预定或者是说没带钱要定，那一定要顾客留手机号码，等顾客走后还要借口打电话给刚留的号码，问蛋糕是否要巧克力等问题。以确认此号码是否是空号。

案例9：一个人跑到店里说是来送公司预定的货的，要求营业员付款签收。提醒：营业款不允许代付款。另外如果遇到这种情况要打电话要给你的领导问是否有此事。切记在店里不要随便拿营业款给别人。

第三章 营业员的外形仪表要求

服饰、仪态多指姿态乃至通过其行为举止表现出来的精神风貌。在整个服务过程中，顾客对商业企业的评价很多时候是从营业员的仪表开始的。顾客进店第一眼看到的就是营业员，营业员的仪表往往会给顾客留下深刻的第一印象。

第一节 营业员仪表规范

一、男营业员仪表规范

服装：穿规定制服，衣服要整洁并经过熨烫，衬衫纽扣要扣牢，禁止卷袖口；

手：始终保持清洁，注意经常修剪指甲，禁止留长指甲；

头发：严禁留长头发，定期理发并保持整洁，头发不要遮住脸，头发禁止染成彩色；

装饰品：食品、餐饮部的职工禁止佩戴，其他部门的职工可允许戴婚戒（嵌宝戒除外）；（具体服饰搭配请参照附则二）

脸：不得留胡子、蓄大鬓角；

领带：与西装、衬衫搭配得当，清洁，系得端正；

制服：符合季节和工作环境；

胸卡和工号牌：端正地别在指定位置，无歪斜；

袜子：以黑白两色为主，无臭味，无破损；

小提示：工作时间不能抽烟；不能吃口香糖；不能在顾客面前整理衣服；不准留长头发，理怪发型，不得抹气味浓重的护发用品。

二、女营业员仪表规范

服装：穿规定制服，衣服要整洁并经过熨烫，衬衫纽扣扣牢穿比裙子下摆长的长筒袜，连裤袜一律肉色；经常更换内衣裤，保持身体清洁，无汗味、异味；

口：坚持刷牙，保持口腔卫生，不吃蒜、葱等有异味的食物；

手：始终保持手的清洁，禁止留长指甲；

鞋子：穿黑色、咖啡色鞋，保持整洁，禁止穿运动鞋、拖鞋、草编鞋；

头发：定期理发，保持整洁，长头不要遮住脸，不准松散披肩，头发禁止染成彩色；

装饰品：头饰以黑色、咖啡色、蓝色系列为宜；（具体服饰搭配请参照附则二）

耳环：食品、饮品部门职工禁止戴；其他部门职工禁止戴直径5毫米以上的耳环；

食品、餐馆部的职工禁止戴项链、手链、脚链；其他部门的职工可以戴婚戒（嵌宝戒除外）；

发丝和发夹：样式大方，颜色素雅；

刘海：适中，以不遮住眉毛为宜；

化妆：淡雅宜人；

香水：清新素雅为宜人；

胸卡和工号牌：端正，别在指定位置；

丝袜：以肉色为主，无破损。

小提示：上班时应注意以下几点：不准在顾客面前补妆；用餐后应注意口红的完整；不能穿容易脱落的丝袜；不能穿高跟鞋；不能穿宽松的休闲装。（具体穿衣标准请参考附则三）营业员工作装扮见下图：

第二节　营业员日常用品的使用标准

通常，营业员使用最多的日常用品，主要包括纸巾、梳子、化妆盒、擦鞋器等等。在使用上述日常用品时，注意以下事项：

一、营业员的日常用品

（一）纸巾

在日常生活里，人们在用餐、方便后，洗手过，总要将其擦干；咳嗽、吐痰、打喷嚏于人前人后时，免不了需要遮遮掩掩；汗流浃背的时候，往往难以当众“挥汗如雨”……凡此种种时刻，有一件物品，就非得召之即来不可了，它就是纸巾。在公共场合里，洗过手之后，随手乱甩，或者在自己身上乱擦乱抹；吐痰、打喷嚏、擤鼻涕时，旁若无人地“无障碍作业”，或者将其“残渣余孽”涂抹在其他物品之上；擦汗之际，“以衣代劳”……都是不雅的具体表现。营业员在自己的工作岗位上若是这么做，则更为不当。

专家提倡营业员人人随身携带一包袋装纸巾。它的优点有二：一方面，它可以说是“一专多能”，适用面甚广，不论擦手、擦汗还是清除污物，皆可使用。另一方面，它又较为卫生。纸巾由厂家生产，并且袋装，在使用时又是一次性的。所以可令使用者比较放心卫生问题。营业员以手帕替代纸巾未必不可。但是，在实际使用中，它重复使用后在卫生和外观方面具有不足之处。切勿以卫生纸或其他纸张替代纸巾之用。它们外观不雅，卫生方面又不达标，当众使用时，往往令人目瞪口呆。

（二）梳子

在维护个人形象方面，头发的整洁与否，大都令人极其关注。外出时，不论自己是否要戴帽子，都有必要关注一下自己的头发是否做到了“一丝不乱”。一个人的头发如果蓬乱不堪，即使其发型再时尚，也会使人对其另有看法。有鉴于此，营业员但凡外出之际，都要切记，最好携带上一把小梳子，以供必要时用。千万不要用手指替代梳子，当众去抓挠自己的头发。用其他物品替代梳子，也为不当。随身携带的梳子，最好是置于上衣口袋中。需要注意的是，要保证它的清洁与卫生，携带、使用一把肮脏的梳子，还不如不带、不用为好。适合为自己梳理头发的时机主要有：出门之际、上岗之前、下班之时、脱帽之后，以及其他一切明显感到本人头发有可能蓬乱的时刻。梳理本人头发，宜在无人之地进行。在工作岗位上面对服务对象时，切忌这么做。

（三）化妆盒

随身携带化妆盒，就是对经常有必要化妆的女性营业员的一项基本规定。服务行业的绝大多数女性，在上岗之前，是理应化妆的。一旦由于刮风、下雨、出汗、洗脸、用餐、小憩或更衣等缘故，而遭到破坏，或者出现瑕疵，亦应及时予以修补，甚至有必要为自己进行重新化妆。服务行业的女性一向讲究自尊自爱，所以在有必要为自己化妆或补妆时，是不可以借用外人的化妆品的。因此，应当养成出门之际尤其是上班之时，随身携带上一只小型化妆盒。它应当既方便，又实用。其“主要内容”应当包括化妆时最常用的唇膏、腮红、眼影、眉笔、粉刷以及小镜子等等。随身携带的化妆盒，应置于本人所带的手包或提袋之内，一般不宜装入衣袋之中。应当再次强调的是，使用化妆盒化妆、补妆，与使用梳子梳理头发一样，都要修饰避人。

（四）擦鞋器

在工作岗位上，身着正装，尤其是身着制服的营业员，往往会同时配穿皮鞋。脚穿皮鞋之时，它的光洁程度，与其完好性同等重要。对此，营业员千万不要疏忽大意。在脚穿皮鞋的时候，不允许使之蒙尘无光，而是要使之“油光可鉴”。一个经常不擦自己所穿的皮鞋的人，不论是它的鞋面上积滞灰尘，好似“出土文物”，还是鞋帮、鞋底上“拖泥带水”，都会令人对其看法不佳。擦鞋器，是新近出现的一种集鞋油、鞋擦于一身，可为皮鞋上油、上光，并为之除去灰垢的擦鞋用具。营业员在脚穿皮鞋时，若是自备一只擦鞋器随身携带，并且在必要情况下使用，即可使自己的皮鞋油光锃亮。使用擦鞋器擦鞋，也应回避他人。擦鞋的时间主要有每天的上岗前、进门前、外出前，以及其他一切有必要擦鞋的时候。就算是未带擦鞋器，也不要随便以其他东西代劳，去为自己的皮鞋除尘上光。不要用手指、纸张、手帕、清水或其他布料去擦皮鞋。在外人跟前，尤其不要这么干。

二、营业工作用品佩戴标准

工作用品一般是指营业员在从事服务时，往往不可缺少的日常用品。它们的最大特点，就是可以替营业员在其服务过程中发挥各种各样的实际作用。因此，营业员平时必须认真对待，并且常备不懈。在服务工作中，营业员使用最广泛的工作用品主要有身份牌、书写笔、计算器、记事簿等等。对其进行使用时，应注意其各自不同的具体要求。

（一）身份牌

身份牌，又称姓名牌、姓名卡，简称名牌。它所指的是营业员在其工作岗位上佩戴在身，用以说明本人具体身份的，由单位统一制作的，有着一定规格，专用的标志牌。在工作岗位上佩戴身份牌，有利于营业员表明自己的身份，进行自我监督，同时也方便服务对象更好地寻求帮助，或是对其进行监督。在使用身份牌时，主要有四点注意事项：

1. 规格应当统一

营业员所佩戴的身份牌，应由其所在单位统一负责订制、下发，而不应由营业员自己动手制作。通常，用以制作身份牌的材料有三种，即金属、塑料与硬纸。其基本要求是耐折、耐磨、轻巧。若是以白卡纸制作身份牌，一般应对其进行塑封，或将其套入透明套中。身份牌的色彩宜淡、宜少。它的外形应为长方形，具体尺寸多为 10 ×6（即长 10 厘米，宽 6 厘米），其尺寸不应过大或过小。

2. 内容应当标准

身份牌的具体内容，一般应包括部门、职务、姓名等三项。必要时，还可贴上本人照片，以供服务对象“验明正身”。有时，也可由部门、工号两项内容构成。上述内容，均应打印，而不宜手写。若是涉外服务单位，在打印以上内容时通常应采用中英文。在一般情况之下，采用中文书写身份牌时，不应滥用繁体字或自造的简化字。字体要注意清晰易认，而且大小必须适度。

3. 佩戴到位

凡单位有佩戴身份牌上岗要求的，营业员必须自觉遵守。佩戴身份牌的常规方法有：将其别在左侧胸前；将其挂在自己胸前；先挂在本人颈上，然后将它再夹在左侧上衣兜上，这是一种“双保险”的做法。除此三种做法，若无特别的规定，营业员不宜将其乱戴于他处。随意把它别在帽子上、领子上、裤子上，或是将其套在手腕上，都不允许。另外，营业员随便换戴身份牌，或者将其戴得歪歪扭扭，也不符合规定。

4. 完整无缺

在工作岗位上，身份牌是营业员的个人形象的重要组成部分之一。所以在对其进行佩戴时，应认真爱护，保证其完好无损。凡破损、污染、折断、掉角、掉字或涂改的身份牌，应及时更换。

（二）书写笔

在工作中，营业员往往需要借助于笔具进行书写。因此，必须将随身携带专用的书写笔，视为营业员不可一日忘却的一项基本功。倘若在必须进行书写时，找不到笔具，或者赶忙去向他人借用，都是营业员失职的表现。

在工作中，营业员最好是同时携带两枝笔，并且应当一枝是钢笔，另一枝则是圆珠笔。

1. 钢笔

主要是为了便于书写正式的条据。在一般情况下，营业员随身携带的钢笔还须灌以蓝黑色或黑色的墨水。因为以此两种墨水书写的文本、条据，才显得最为正规。

2. 圆珠笔

则主要是为了便于自己在工作中填写正规的各类票据。使用圆珠笔复写票据，不仅容易，而且可以确保字迹清晰。此时一般应使用蓝色。

3. 圆珠笔油

营业员在工作之中随身携带的笔具，最好别在上衣左侧衣袋上，或是别在上衣内侧衣袋上。将其放在裤袋之中，一般并不合适。有时，为方便使用，可将圆珠笔以绳、带缚住，挂在脖上后，令其垂于胸前。但是，切不可这样携带钢笔。

（三）计算器

在买卖活动中，价格的计算常必不可少。过去，营业员在需要进行有关的计算时，经常采用的是口算、心算、笔算等方法。它们各有利弊，难以确保计算结果的准确无误。万一当时自己在计算中“差之毫厘”，便很可能“谬之千里”。营业员若是能够取出随身携带的计算器，进行必要的计算，既能节省时间，又不必因为担心计算结果不够精确，而去分心走神，疑神疑鬼。营业员携带于身的计算器，不必求其功能齐全，但其数字的位数却应当尽量多上一些，以保证计算结果的精确。同时，还应力求小型化。

（四）记事簿

在服务工作中，营业员如果需要自己记忆在心的重要信息，诸如资料、数据、人名、品名、地址、电话、传真、线索、思路、建议等等，要是没有掌握正确的信息处理手段，有时极有可能会耽误自己的正经事情。

应当指明的是：千万不要信笔涂鸦，手头可以抓到什么东西，便把要记的东西写在那里。将重要的资讯记录在商品上、报纸上、碎纸上、烟壳上、钱币上或者手掌上，不仅容易面目全非，或有丢失，而且也实在不像是“正规军”的所作所为。也不要轻易开口向同行或者服务对象讨要可作记录之物。

第三节　微笑服务

对服务行业来说，微笑服务是至关重要的。尊重顾客，真诚地笑；对顾客开心地笑可以保持良好的工作状态，排除烦恼；微笑是和顾客感情沟通的好方式。

一、面部表情

面部表情包括眼神和笑容两方面的内容。俗话说，眼睛是心灵的窗户，所以表情的第一要素是眼神。一双带着神采、热情的眼睛比直接的语言问候更能打动他人的心。一个善意的、真诚的微笑可以迅速地打消顾客与你的初次接触的隔膜；微笑也是感情的催化剂，吸引顾客对你产生好感，从而走入你的柜台。

不过对于顾客来说，如果营业员的笑容硬挤出来那还不如不笑。微笑，应该是一种愉快心情的反映，也是一种礼貌和涵养的表现。作为营业员，你只有把顾客当成了自己的朋友，尊重他，你才会很自然地向他发出会心的微笑。只有这种笑容，才是顾客所需要的，也是最美的笑。

经常进行下面的两个练习，可以让你的微笑和眼神更加迷人。

（一）微笑练习

对着镜子微笑，要领是：口腔打开到不露或是刚露齿缝的程度，嘴唇呈扁形，嘴角微微上翘。根据多次的练习总结自己如何微笑才会最自然。

（二）眼神练习

凝视远方片刻，然后以某一特定事物为目标，眼珠呈“W”型地向上、向下、从左到右、从右到左地缓慢移动，反复几次后闭目休息片刻，然后突然睁开眼睛，凝视远方片刻，继而眼珠按“□”型方向上、向右、向下、向左顺时钟转动，再逆时针做一次，反复多次直到眼球略感疲倦为止。你也可以采用“注视—虚视—环视—扫视—注视”的方法来练习。

二、正确的服务姿态

（一）如何站立

头部抬起，面部朝向正前方，双眼平视，下颌微微内收，颈部挺直；双肩放松，呼吸自然，腰部直立；双臂自然下垂，处于身体两侧；两腿立正并拢，双膝与双脚的跟部紧靠；双脚稍微分开。采用此种站姿的场合为人服务的站姿，俗称“接待员的站姿”。

在自己的工作岗位上接待服务对象时，营业员可以采用此种站姿。男营业员双手相握、叠放于腹前或相握于身后，站出英武强壮的风采；女营业员双手相握或叠放于腹前，站出轻盈优雅的韵味；站立之时，身前没有障碍物挡身、受到他人的注视、与他人进行短时间交谈、倾听他人的诉说等等，都是采用这种站立姿势的良好时机。

采用此种站姿应注意的事项：

1. 头部可以微微侧向自己的服务对象，但一定要保持面部的微笑。

2. 手臂可以持物，也可以自然地下垂。

3. 在手臂垂放时，从肩部至中指应当呈现出一条自然的垂线。

4. 小腹不宜凸出，臂部同时应当紧缩。它的最关键的地方在于：双脚一前一后站成“丁字步”，即一只脚的后跟靠在另一只脚的内侧。

5. 双膝在靠拢的同时，两腿的膝部前后略为重叠。

这一站姿看上去较为优雅，故而也为不少人拍照时所采用。此种站姿的主要特点头正、肩平、身直。如从侧面看去，其主要轮廓线为含颌、挺胸、收腹、直腿。此种站姿可以帮助呼吸，改善血液循环，在一定程度上减缓身体的疲劳。

（二）接待姿势

头部微微侧向自己的服务对象，面部保持微笑；手臂可挎换物品，也可自然下垂；收腹，臀部紧缩；双脚一前一后成“丁字步”。

营业员正确的接待礼仪：

1. 营业员想要有效率且专业化地接待、服务好顾客，在服务态度上应注意。

2. 说话口齿清晰、音量适中，最好用标准普通话，但若客人讲方言（如闽南语、客家话），在营业员可能的范围内应配合客人的方便，以增进相互沟通的效果。

3. 要有先来后到的次序观念。先来的客人应先给予服务，对晚到的客人应亲切有礼地请他稍候片刻，不能置之不理，或本末倒置地先招呼后来的客人，而怠慢先来的。

4. 在营业场所十分忙碌，人手又不够的情况下，记住当接待等候多时的顾客时，应先向对方道歉，表示招待不周恳请谅解，不宜气急败坏地敷衍了事。

5. 亲切地招待客人到店内参观，并让他随意自由地选择，最好不要刻意地左右顾客的意向，或在一旁唠叨不停。应有礼貌的告诉顾客："若有需要服务的地方，请叫我一声。"如有必要应主动对顾客提供帮助，若客人带着大包小包的东西时，可告诉他寄物处或可以暂时放置的地方。下雨天可帮助客人收伞并代为保管。

6. 顾客有疑问时，应以专业、愉悦的态度为客人解答。不宜有不耐烦的表情或者一问三不知。细心的营业员可适时观察出客人的心态及需要，提供好意见，且能对商品作简短而清楚的介绍，方便以有效率的方式说明商品特征、内容、成分及用途，以帮助顾客选择。

7. 不要忽略陪在客人身旁的人，应一视同仁一起招呼，或许也能引起他们购买欲望。

8. 与顾客交谈的用语宜用询问、商量的口吻，不应用强迫或威胁的口气要顾客非买不可，那会让人感觉不悦。当顾客试用或试穿完后，宜先询问客人满意的程度，而非只一味称赞商品的优越性。

9. 营业员在商品成交后也应注意服务品质，不宜过于现实，以为拿了钱就了事，而要将商品包装好，双手奉给顾客，并且欢迎下次再度光临，最好能送客人到门口或目送客人离去，以表示期待之意。

10. 即使客人不买任何东西，也要保持一贯亲切、热诚的态度谢谢他来参观，才能留给对方良好的印象。也许下次客人有需要时，就会先想到你并且再度光临，这就是"生意做一辈子"的道理。

11. 有时一些顾客可能由于不如意而发怒，这时营业员要立即向顾客解释并道歉，并将注意力集中在顾客身上。这样就能清除思想中的所有杂念，集中思想在顾客的需求上。当他们看到你已把全部注意力集中于他们的问题上，他们也就冷静下来了。当然，最好的方法是要克制自己的情绪。不要让顾客的逆耳言论影响你的态度和判断。

12. 要擅长主动倾听意见。虚心地听取抱怨，不打断他的发言，这样被抑制的情绪也就缓解了，使一位难对付的顾客不再苛求。有时营业员多用“嗯！嗯！”或“请讲下去”这些语句。它可使顾客知道你正在认真听取他的意见。当顾客提出意见时要用自己的语言再重复一遍你所听到的要求，这再一次让顾客觉得他的问题已被注意，而且使他感到你会帮助他解决困难。

13. 与顾客对话时，首先要面带微笑地倾听，并通过关注的目光进行感情的交流，或通过点头和简短的提问、插话表示你对顾客谈话的注意和兴趣。为了表示对顾客的尊重，一般应站立说话。要注意选择词语，在表达同一种意思时，由于选择词语的不同有时会有几种说法，营业员由于选择词语不同，往往会给顾客以不同的感受，产生不同的效果。例如，“请往那边走”使顾客听起来觉得有礼貌，如把“请”字省去了，变成“往那边走”，在语气上就显得生硬，变成命令式的了，这样会使顾客听起来很刺耳，难以接受。另外，在服务中要注意选择客气的用语，如说“用饭”代替“要饭”，用“几位”代替“几个人”，用“贵姓”代替“您叫什么”，用“去洗手间”代替“去大小便”，用“不新鲜，有异味”代替“发霉”、“发臭”，用“让您破费了”代替“按规定要罚款”等等。这样会使人听起来更文雅，免去粗俗感。

14. 注意语言要简练、中心要突出。在营业过程中，与顾客谈话的时间不宜过长，这就需要我们用简练的语言去交谈。在交谈中，营业接待人员如果能简要地重复重要的内容，不仅表示了对话题的专注，也使对话的重要部分得到强调，使意思更明白，并能减少误会，这种做法很好。

15. 注意语音、语调和语速。说话不仅是在交流信息，同时也是在交流感情。许多复杂的情感往往通过不同的语调和语速表现出来。如明快、爽朗的语调会使人感到大方的气质和亲切友好的感情；声音尖锐刺耳或说话速度过急，使人感到急躁、不耐烦的情绪；有气无力，拖着长长的调子，会给人一种矫揉造作之感。因此，在与顾客谈话时掌握好音调和节奏是十分重要的。

（三）恭候客人的姿势

恭候顾客的站姿，又称“等人的站姿”或“轻松的站姿”，当营业员在自己的工作岗位上尚且无人接待，或者恭迎服务对象的来临时，大都可以采用这种站立的姿态。采用恭候顾客的站姿时，需要注意的重点有：双脚可以适度地叉开，两脚可以相互交替放松，并且可以踮起一只脚的脚尖。即允许在一只脚完全着地的同时，抬起另外一只脚的后跟，而以其脚尖着地，双腿可以分开一些，肩、臂应自然放松，手部不宜随意摆动。头部不要晃动，下巴须避免向前伸出；全身呈放松状态，直至有顾客光临；上身自然挺直，目视前方。

小提示：不可将手放在衣服口袋里，或是双手抱在胸前；手部不宜随意摆；头部不要晃动；手臂不可挥来挥去腿脚抖个不停；采用此种站立姿势时，非常重要的一点分开的双脚不要反复不停地换来换去。

采用此种站姿它的最大特点，是可以使站立者感到比较轻松、舒适。不过，当服务对象已来到自己面前，尤其是在自己的下半身并无屏障挡身，或是对方是自己的重要客人时，最好不要采用此种站姿。

（四）走姿

我们在待客时也不可能一直站立不动，有时因为工作需要，我们也必须在柜台间走动。营业员走姿的基本要求是从容、平稳、直线。身体重心应稍向前倾，挺胸收腹，头正眼平，面带微笑，双臂自然摆动，两腿直而不僵，步幅适中均匀。

具体来说，男营业员与女营业员的走姿略有不同。

男营业员在行走时做到自然、大方即可。走路时两脚要交替前进在一直线上，脚跟要先着地，然后前脚掌着地，身体重心在脚向前迈时立即跟上，不要落在后脚上，或是两脚之间。头正眼平，保持处于垂直线上。双肩齐平，双臂摆时，手不能超越衣扣垂直线，肘关节微屈，手心向内。忌甩臂与甩手腕。

女营业员在行走时宜采用一字步走姿。行走时两脚交替踏成一条直线。臂前摆时，肩部稍平送，后摆时，肩部稍平拉。若穿西服裙或高跟鞋时，步幅宜小。用行动发挥你的魅力。具体的营业员仪表、姿态请参考附则四《营业员行为礼仪规范手册》。

第四节　营业员的电话服务技巧

对一个前台营业员来说，接电话不仅需要沟通技巧，表达能力和礼貌用语也必不可少。

一、职场电话礼仪

当你给他人打电话时，你应调整好自己的思路。那么，当你的电话铃响起之时，你应该尽快集中自己的精力，暂时放下手头正在做的事情，以便你的大脑能够清晰地处理电话带来的信息或商务。当然，上述过程应该迅即完成，如果你让电话铃响得时间过长，对方会挂断电话，你便会失去得到信息或生意的机会。

二、接电话时可以参考和借鉴的技巧

（一）随时记录

在手边放有纸和铅笔，随时记下你所听到的信息。如果你没做好准备，而不得不请求对方重复，这样会使对方感到你心不在焉、没有认真听他说话。

（二）自报家门

一拿起电话就应清晰说出自己的全名，有时也有必要说出自己所在单位的名称。同样，一旦对方说出其姓名，你可以在谈话中不时地称呼对方的姓名。

（三）转入正题

当你接听电话时，不要“哼哼哈哈”地拖延时间，而应立即做出反应。一个好的开场白可能是：“您需要我做什么？”当你觉出对方有意拖延时间，你应立即说：“真不巧！我正要参加一个会议，不得不在5分钟后赶到会场。”这样说会防止你们谈论不必要的琐事，加速商务谈话的进展。

（四）避免将电话转给他人

自己接的电话尽量自己处理，只有在万不得已的情况下才能转给他人。这时，你应该向对方解释一下原因，并请求对方原谅。例如，你可以说：“xx先生会处理好这件事的，请他和您通话好吗？”在你作出这种决定之前，应当确定对方愿意你将电话转给他人。例如，你可以说：“对于这件事，我们很快会派人跟您联系的。”

（五）避免电话中止时间过长

如果你在接电话时不得不中止电话而查阅一些资料，应当动作迅速。你还可以有礼貌地向对方说：“您是稍候片刻，还是过一会儿我再给您打过去?”

让对方等候时，你可以按下等候键。如果你的电话没有等候键，就把话筒轻轻地放在桌子上。如果查阅资料的时间超过你所预料的时间，你可以每隔一会儿拿起电话向对方说明你的进展。如，你可以说：“xx 先生，我已经快替您找完了，请您再稍候片刻。”当你查找完毕，重新拿起电话时，可以说：“对不起，让您久等了”，以引起对方的注意。

对于接电话的人来讲，当需要查阅资料而有礼貌地请对方稍等片刻，这是可以令对方接受的。如果有人在你正在通话时打进电话，你可以选择合适的词语让你通话的人稍候。然后拿起另一部电话说：“你能否稍等？我正在接听一个电话。”如果打来电话的人只是有一些小事，便可以当即回绝，然后迅即转向第一个电话，而这个人也会意识到你很忙而加速你们的讨论。

第五节 加强自我防护，预防甲流感等传染病

营业员每天都要接触到大量的客户群，个人感染公共感染病，如甲型 H1N1 流感、肺炎、肝炎等的机会较大，下面就目前出现公共感染疾病甲型 H1N1 流感，给营业员提供预防疾病的常识。

一、什么是甲型 H1N1 流感

流感病毒有甲型（A 型）、乙型（B 型）和丙型（C 型）三种，目前在墨西哥、美国等地暴发的流感是甲型 H1N1 流感病毒引起的急性呼吸道传染病，这种病毒可造成流感暴发。

二、人是如何感染上甲型 H1N1 流感的

主要是通过接触流感病人或流感病毒感染人而感染上。

三、甲型 H1N1 流感有哪些症状和表现

甲型 H1N1 流感与季节性流感症状和表现类似，主要表现为发热、咳嗽喉咙痛、身体疼痛、头痛、发冷和疲劳等，有些还会出现腹泻和呕吐，重者继发肺炎和呼吸衰竭，甚至死亡。

四、是否有预防甲型 H1N1 流感的疫苗

由于流感病毒在传播过程中变化较快，目前尚无针对墨西哥、美国等地暴发的甲型 H1N1 流感病毒疫苗。但甲型 H1N1 流感仍是可防、可控、可治的。

五、食用猪肉是否感染

甲型 H1N1 流感病毒害怕高温，食用烧熟的猪肉不会感染甲型 H1N1 流感。猪肉加热至 71 摄氏度就能杀死甲型 H1N1 流感病毒，人不会因吃猪肉或猪产品感染甲型 H1N1 流感。

六、个人如何预防流感

1. 要保持室内环境自然通风，空气流通。搞好工作环境卫生。

2. 养成良好的个人卫生习惯，可以减少传染病的发生。不要直接面对他人打喷嚏、咳嗽，用过的纸巾、手帕勿乱扔；打喷嚏、咳嗽和擦鼻子后要洗手；接触病人及呼吸道分泌物后要立即洗手，看护呼吸道传染病患者时，要戴口罩；从医院出来、回家后、接触钱币后、接触猪或生猪肉、皮毛后洗手。

3. 要加强体育锻炼和营养、保持充足的休息，以增强体质、提高机体抵御疾病的能力。保持良好的饮食习惯，注意营养均衡，多喝水、不吸烟、不酗酒。

4. 尽量避免到人多拥挤或通风不良的公共场所，避免接触流感样症状（发热，咳嗽，流涕等）或肺炎等呼吸道病人。超市、卖场、店铺营业员或收银员在工作时最好佩戴单位统一发放的医用口罩。

5. 目前尚无证据表明甲型 H1N1 流感能通过食物传播。因此，食用处理得当的熟猪肉和猪肉制品是安全的。将猪肉烹制内部温度达到 71 摄氏度，可杀死细菌和病毒。

6. 前往疫区商务和旅行时，应了解当地疫情进展情况，做好个人防护，并避免接触生猪或前往有猪的场所。如在境外出现流感症状（发热，咳嗽，流涕等），应立即就医（就医时应戴口罩），并向当地公共卫生机构和检验检疫部门说明，归国入境时，如出现流感样症状（发热，咳嗽，流涕等），应主动向出入境检验检疫机构说明；回国 2 周内，如出现流感样症状（发热，咳嗽，流涕等），应及时就诊，并与当地卫生疾控部门联系。

7. 与甲型 H1N1 流感患者的密切接触者有过密切接触的人员，要主动隔离自己，尽量减少外出。一旦出现发热、咳嗽等症状，电话联系当地卫生疾控部门，不要擅自乘车就诊。

第四章 营业员要懂得的基本技能

第一节 商 品 包 装

一、什么是商品包装

商品包装的含义，包括两方面意思：

一方面是指盛装商品的容器而言，通常称作包装物，如箱、袋、筐、桶、瓶等；另一方面是指包扎商品的过程，如装箱、打包等。

商品包装具有从属性和商品性等两种特性。包装是其内装物的附属品；商品包装是附属于内装商品的特殊商品，具有价值和使用价值；同时又是实现内装商品价值和使用价值的重要手段。

二、商品包装的作用

商品包装有以下作用：

1. 保护商品；
2. 便于流通；
3. 方便消费；
4. 促进销售；

5. 提高商品价值，促进使用价值的实现。

三、商品包装的四大要素

（一）包装材料

包装材料是包装的物质基础，是包装功能的物质承担者。

（二）包装技术

包装技术是实现包装保护功能、保证内装商品质量的关键。

（三）包装结构造型

包装结构造型是包装材料和包装技术的具体形式。

（四）表面装潢

表面装潢是通过画面和文字美化、宣传和介绍商品的主要手段。

四、商品包装的分类和特点

商品包装种类繁多，常见的商品包装的分类和包装种类如下：

（一）按商业经营习惯分类

1. 内销包装

是为适应在国内销售的商品所采用的包装，具有简单、经济、实用的特点。

2. 出口包装

是为了适应商品在国外的销售，针对商品的国际长途运输所采用的包装。在保护性、装饰性、竞争性、适应性上要求更高。

3. 特殊包装

是为工艺品、美术品、文物、精密贵重仪器、军需品等所采用的包装，一般成本较高。

（二）按流通领域中的环节分类

1. 小包装

是直接接触商品，与商品同时装配出厂，构成商品组成部分的包装。商品的小包装上多有图案或文字标识，具有保护商品、方便销售、指导消费的作用。

2. 中包装

是商品的内层包装，通称为商品销售包装。多为具有一定形状的容器等。它具有防止商品受外力挤压、撞击而发生损坏或受外界环境影响而发生受潮、发霉、腐蚀等变质变化的作用。

3. 外包装

是商品最外部的包装，又称运输包装。多是若干个商品集中的包装。商品的外包装上都有明显的标记。外包装具有保护商品在流通中安全的作用。

（三）按包装形状和材料分类

以包装材料为分类标志，商品包装可分为纸类、塑料类、玻璃类、金属类、木材类、复合材料类、陶瓷类、纺织品类、其他材料类等包装。

（四）按防护技术方法分类

以包装技法为分类标志，商品包装可分为贴体、透明、托盘、开窗、收缩、提袋、易开、喷雾、蒸煮、真空、充气、防潮、防锈、防霉、防虫、无菌、防震、遮光、礼品、集合包装等。

五、商品包装的基本要求

1. 适应各种流通条件的需要

要确保商品在流通过程中的安全，商品包装应具有一定的强度，坚实、牢固、耐用。对于不同运输方式和运输工具，还应有选择地利用相应的包装容器和技术处理。总之，整个包装应适应流通领域中的储存运输条件和强度要求。

2. 应适应商品特性

商品包装必须根据商品的特性，分别采用相应的材料与技术，使包装完全符合商品理化性质的要求。

3. 适应标准化的要求

商品包装必须推行标准化，即对商品包装的包装容（重）量、包装材料、结构造型、规格尺寸、印刷标志、名词术语、封装方法等加以统一规定，逐步形成系列化和通用化，以便有利于包装容器的生产，提高包装生产效率，简化包装容器的规格，节约原材料，降低成本，易于识别和计量，有利于保证包装质量和商品安全。

4. 包装要适量、适度

对销售包装而言，包装容器大小与内装商品相宜，包装费用，应与内装商品相吻合。预留空间过大、包装费用占商品总价值比例过高，都有损消费者利益，误导消费者的“过分包装”。

5. 商品包装要做到绿色、环保

商品包装的绿色、环保要求要从两个方面认识：首先，材料、容器、技术本身应是对商品、对消费者而言，是安全的和卫生的。其次，包装的技法、材料容器等对环境而言，是安全的和绿色的，在选材料和制作上，遵循可持续发展原则，节能、低耗、高功能、防污染，可以持续性回收利用，或废弃之后能安全降解。

六、商品包装的技术要求

（一）商品包装技术的概念

商品包装技术是指为了防止商品在流通领域发生数量损失和

质量变化，而采取的抵抗内、外影响质量因素的技术措施，又称商品包装防护方法。

（二）商品包装技术的要求

影响商品质量变化的外部因素分为物理、化学、生物等因素。商品包装防护技术正是针对以上影响商品质量的内、外因素而采取的具体防范措施。

第二节 商 品 陈 列

“渠道扁平化”是竞争导致的一个必然趋势。目前，大型消费品厂商几乎无一例外地将竞争触角延伸到了零售终端。良好的商品陈列不仅可以方便、刺激顾客购买，而且可以借此提高企业产品和品牌的形象。下面将从商品陈列的主要类型和方法、商品陈列的原则、有效陈列的黄金定律等来介绍商品陈列，并通过陈列案例来看大型企业的一般做法。

一、橱窗陈列

橱窗陈列是一种艺术柜台宣传形式，是商品陈列中最重要的一种。

（一）橱窗的种类与用途

橱窗的种类、大小、位置与形状，应该与商店的建筑特点、店铺类型以及经销的商品相适应。橱窗按其建筑结构、经营特点和外观形式可分为以下几种：

1. 透明橱窗

顾客可以在大街上看到商品及整个售物现场；可以节约陈列时间，节约费用，减少陈列商品损失，使售货现场有充足的光线。

2. 半透明橱窗

橱窗的后面有一半与售货现场隔开。售货现场也可获得一定的阳光。

3. 隔绝橱窗

橱窗与售货现场完全隔开成一个单一的整体；容易布置，能够突出陈列商品，便于对陈列商品的保管；影响售货现场的自然光线。

4. 专题橱窗

适用于大型的零售商店，将同一用途、同一类型的商品，单独陈列在一个橱窗里；能够集中顾客的注意力，吸引顾客；化妆品、体育用品、医疗卫生用品等可做专题橱窗。

（二）橱窗陈列的方法

商品摆放的高度应处于顾客胸部到眼睛的位置；充分利用商店有效面积，防止空置浪费；使小商品和开关固定的商品成群陈列，积小成大，以造声势；在墙壁、天花板上放置镜子，让商品显得琳琅满目；利用商品的醒目的包装色彩来吸引顾客；光源要隐蔽，色彩柔和，给人舒适的感觉。把受顾客欢迎、市场热销、包装和造型都优美的商品作为陈列重点，放在显眼放置。让顾客试穿、试戴、试用、试吃，根据不同季节摆放商品。

以服装陈列为例，有 9 种常用的陈列方法：

1. 科学分类法

大多服装店经营的种类都比较多，从几十种到几百种不等，以扩大服务面和提高成交率。所谓科学分类就是按照某种理性逻辑来分类的方法，如按年龄顺序排放，进门是少年装，中间是青年装，最里是老年装或童装，或左边是中档价位的服装，右边是高档价位的服装，最里边是提供售后服务的场所。科学的分类给顾客选购和店铺管理都带来了方便。

2. 经常变换法

服装店经营的是时尚商品，每刮过一阵流行风，时装店的面貌就应焕然一新。如果商品没有太大的变化，则可以在陈列、摆设、装潢上做一些改变，同样可以使店铺换一副新面孔，从而吸引顾客前往。

3. 连带方便法

将同一类消费对象所需要的系列用品摆放在一起，或将经常搭配的款式放在一起，可以方便顾客的配套购买，这种组合商品销售的方法称为连带方便法。如将男衬衣、西装和领带、领带夹等摆放在一起，将秋冬外衣与帽子、围巾等摆放在一起。

4. 循环重复法

有些服装样式放在某一位置时间太长，由于光线和周围款式的影响等原因而无人问津，这时可以将它们调换位置，与其他款式的服装重新组合，这样会产生一种新的艺术主题，增加了售出的机会。将里边货架上的衣服移到外面的货架上，则会更加令人注目。通过循环重复，再配以新款式上架，整个服装店就会给人以常变常新的感觉。

5. 衣柜组合法

在每个季节，消费者的衣柜都是一次全新的组合，各种场合、各种用途、各种主题的款式丰富而有序。都市生活节奏的加快，人们更需要衣柜组合设计方面的服务。服装店在组合商品时，不妨利用这一心理，在销售商品的同时也增加一项家政设计方面的服务。组合可分为单人组合、情侣组合、三口之家的组合等。

6. 装饰映衬法

在服装店做一些装饰衬托，可以强化服装产品的艺术主题，给顾客留下深刻的印象。如童装店的墙壁上画一些童趣图案，在情侣装附近摆上一束鲜花，在高档皮草服装店放上一具动物标本。装饰映衬法千万不可喧宾夺主，店员必须清楚自己卖的是什么，以免顾客会问“这束鲜花多少钱”？将名、优、特、新的服装产品，摆放在老产品的附近，也能产生一种相互映衬的效果，它似乎能暗示这一展区的产品都不错，但被衬托的产品也不能太差。

7. 模特展示法

除部分传统款式，如衬衣等，大多数时装都采用直接向消费者展示效果的方法销售。人们看到漂亮的展示，就会误认为自己穿上也是如此这般地漂亮，这是一种无法抗拒的心理。商店除了吊挂展示和货架摆放展示，还可采用模特展示。一般有人体、假人模特展示，漂亮的营业员也可以充当模特，世界上第一位商业模特就是这样诞生的。如下图：

8. 效果应用法

人们进店看到的首先是一种效果，这种效果并非仅仅靠服装款式本身能够形成，其他的很多相关因素都会影响到整体效果。如播放音乐，照射灯光，放映录像等，都与服装购买者的心情有关，也与商店的品味、可信度有关。一些大商店设置儿童托管站，最终都是为了销售效果。时装店安装大幅面镜，不仅在视觉上扩大了店铺的空间，也方便了顾客试衣。

9. 曲径通幽法

古人有“曲径通幽处，禅房花木深”的美妙诗句。服装店的货柜布置要有利于顾客的行走，并不断走下去，给人以引人入胜的感觉。对于纵深型的店铺，不妨将通道设计成S形，并向内延伸。对于方矩形场地的店铺，可以通过货架的安排，使顾客多转几圈，不至于进店后“一览无余”，掉头便归。

平常我们走在稍大一点的超市里，您可能都会看到美仑美奂的店面陈列和布置，气派、醒目，充满了美感和艺术性。在给人们带来享受和赞叹的同时，它们也给人们带来了浓浓的商战气息，这些货物陈列方法也是需要营业员学习的。

二、陈列的原则及要点

（一）商品陈列的原则

有效的商品陈列可以引起消费者的购买欲，并促使其采取购买行动。做好商品陈列必须遵循一些基本的原则，包括可获利性、陈列点、吸引力、方便性、价格、稳固性等六个方面。

1. 可获利性

陈列必须确实有助于增加店面的销售；有助于销售的陈列位置；要注意记录能增加销量的特定的陈列方式和陈列物；适时告诉商家商品陈列对获利的帮助；采用“先进先出”的原则，减小退货的可能性。

2. 好的陈列点

好的陈列点对于传统型商店是指柜台后面与视线等高的货架位置、磅秤旁、收银机旁、柜台前等。而对于超市或平价商店，与视线等高的货架、顾客出入集中处、货架的中心位置等均是理想的陈列位置；开展促销时要争取人流最多的走道中央，货架两端的上面，墙壁货架的转角处，收银台旁等位置。

不好的陈列点有：仓库出入口、黑暗的角落、店门口两侧的死角、气味强烈的商品旁等。

3. 吸引力

充分将现有商品集中堆放以凸显气势；正确贴上价格标签；完成陈列工作后，故意拿掉几件商品，一来方便顾客取货，二来造成产品销售良好的迹象；陈列时将本企业产品与其他品牌的产品明显地区分开来；配合空间陈列，充分利用广告宣传品吸引顾客的注意；可以运用整堆不规则的陈列法，既可以节省陈列时间，也可以产生特价优惠的意味。

4. 方便性

商品应陈列于顾客便于取货的位置；争取较好的陈列点，争取使顾客能从不同位置、方位取到商品；保证货架上有80%以上的余货，以方便顾客选购；避免将不同类型的商品混放，促销宣传品（POP广告）不要贴在商品上。

5. 价格

价格要标识清楚；价格标签必须放在醒目的位置，数字的大小也会影响对顾客的吸引力；直接写出特价的数字比告诉顾客折扣数更有吸引力。

6. 稳固性

商品陈列在于帮助销售而不是进行“特技表演”。在做“堆码展示”时，既要考虑一个可以保持吸引力的高度，也要考虑到堆放的稳固性。在做“箱式堆码”展示时，应把打开的箱子摆放在一个平稳的位置上，更换空箱从最上层开始，以确保安全。

（二）有效陈列之黄金定律

1. 计划和准备

首先，需要准备好所需的陈列器材和工具，包括：陈列辅助物、大头针、糨糊、订书机、剪刀、铁钉、胶带、货架吊绳、价格标贴等，并做好相应的计划和准备。

2. 客情关系

只有具备了良好的“客情关系”，您才能获得客户的支持并争取创造良好的陈列效果。与客户交朋友，用陈列的好处说服客户接受陈列，努力引起客户的兴趣和注意，尊重他们的反对意见，从客户的角度去考虑问题，并需要耐心地去争取最佳结局。

3. 客户的机会点

在终端一定要争取占领最佳陈列位置，做最佳陈列一般要考虑以下问题：了解你需要在哪一个客户或哪几个客户处做陈列；决定所需陈列的商品的种类、数量；寻找适当的位置；解释陈列的概念，强调陈列的利益点；回应客户的反对意见，让客户同意陈列的时间等。

（三）陈列的要点

陈列还应因地制宜不同类型的购物场所、不同类型的陈列有不同的陈列要点和方法，具体场合具体对待。以下是几类常见的陈列要点：

1. 杂货店、百货店、超市、自选商店陈列

陈列要靠近顾客常走的路线、放置于水平视线位置；临近主导品牌及同类商品做水平或垂直陈列；有多种规格时至少应有两个排面，应该比竞争者多，越多越好；每一个品牌、每一种规格都要陈列；货架上要经常保持足够数量的商品；至少应有比购买周期多1周的库存；充分利用货架卡、挂旗、横幅、海报等辅助工具；销售人员在拜访客户时要更换POP材料；维持货架及货物整洁，并及时为客户补货。

2. 小贩、路边店陈列

陈列位置要靠外侧，靠顾客常走的路线，靠市场主导品牌，靠同类商品；要陈列每一品牌、每一规格。如有试用品或小包装，一定要挂吊牌，要经常保持适量库存；要充分利用门口的挂旗、柜台展示卡、海报、货架卡。

3. 堆箱陈列

陈列位置要位于顾客最常走的路线上；应尽量将所堆放的商品正面对着顾客；除非面积足够大，否则应陈列品牌的主要规格；应维持大量库存，堆箱部分应保持满货的状态；堆箱应注意垫底的稳固性，可以使用“交叉堆放法”，或使用垫箱陈列板，除了需要承重的底箱，其余应隔箱陈列；POP及产品包装应将正面面对顾客，不可过高或过低，以容易拿取为标准。

注意商品陈列的细节会创造销售潜力，销售人员应注意并指导客户加以利用，这将为公司和产品销售带来更多的销售机会。

（四）熟悉相应的陈列辅助器材

应特别了解和熟悉海报、货架吊绳、箱子、柜台陈列物品、悬挂物、样品、说明书、标识标帖等。

充分利用想像力进行陈列。尽量有效利用一切可用的空间，考虑有没有另外不同的方式来使用你的陈列辅助器材，使陈列更为突出；同时，弄清楚竞争对手在做什么，并采取相应的措施；使用相关器材以强化已有陈列，使之显眼突出；最后确定陈列与产品定位是否相符。

陈列的小秘诀：尽量便于顾客取货；不要让海报或陈列品被其他产品或东西掩盖，以免被竞争对手抢走销售机会；不要让零售商觉得不容易堆放、补货，因为零售商如果觉得麻烦就会拒绝陈列要求；不要将不同类别的产品堆放在一起，如不要将洗衣粉和食品放在一起，以免引起顾客的反感；尽量抢占较好的位置，客户经常或必须经过的交通要道是第一选择；使陈列品从外面就可以被看到，以吸引顾客；运用指示牌指引顾客购买，便于顾客找到产品的位置所在。尽量把产品陈列在接近收银台的地方，使顾客经过时或他们等待交款时可以看到；如果是弱势品牌，应尽量争取将产品陈列在第一品牌的旁边；上货架的技巧：上货架的产品，应与其市场占有率相符，市场占有率最大的占同一类货物位置的70%，所有产品的陈列应按其贡献能力来安排。

对陈列进行检验与评估。为了确保陈列有效，最后应对产品陈列情况进行检验与评估，应考虑以下因素：陈列位置是否位于热卖点？该陈列是否在此店中占有优势？陈列位置的大小、规模是否合适？是否有清楚、简单的销售信息？价格折扣是否突出、醒目并便于阅读？产品是否便于拿取？陈列是否稳固？是否利于迅速补货？陈列的产品是否干净、整洁？零售商是否同意在一定的时期内保持陈列？是否妥善运用了陈列辅助器材？

三、案例：超市货物陈列摆放

超级市场的商品配置是关系到超市经营成败的关键环节，商品如配置不当，会造成顾客想要的商品没有，不想要的商品太多，不仅空占了陈列货架，也积压了资金，导致经营失利。

1. 商品配置的面积分配

如果不分商品的类别品种，假设每一平方米所能陈列的商品品项数相同，那么超级市场卖场内各项商品的面积配置应与消费者支出的商品投向比例相同，因此要较正确的确定商品的面积分配，必须对来超市购物的消费者的购买比例做出正确的判断与分析。

下面是一份超级市场的商品面积分配的大致情况：水果蔬菜面积10%～15%、肉食品15%～20%、日用品15%、一般食品10%、糖果饼干10%、调味品南北干货15%、小百货与洗涤用品15%、其他用品10%。

需要说明的是，中国幅员辽阔，每一个地区消费水平差异较大，消费习惯也不尽相同，每个经营者必须根据自己所处商圈的特点和超市本身定位及周边竞争者的状况作出商品面积配置的抉择。

2. 商品位置的配置

商品位置的配置应该按照消费者购买每日所需商品的顺序作出路线的规划，也就是说，要按照消费者的购买习惯和人流走向来分配各种商品在卖场中的位置。一般来说，每个人一天的消费总是从“食”开始，所以可以考虑以“菜篮子”为中心来设计商品位置的配置。通常消费者到超级市场购物顺序是这样进行的：

蔬菜水果——畜产水产类——冷冻食品类——调味品类——糖果饼干——饮料——速食品——面包牛奶——日用杂品

为了配置好超级市场的商品，可以将超级市场经营的商品划分为以下几个商品部：

（1）面包及果菜品。这一部门常常是超级市场的高利润部门，由于顾客在购买面包时，也会购买部分蔬菜水果，所以，面包和果菜品可以采用岛式陈列，也可以沿着超级市场的内墙设置。在许多超级市场中，设有面包和其他烘烤品的制作间，刚出炉的金黄色的、热气腾腾的面包，常常让顾客爽快地掏腰包。现场制作已成为超级市场的一个卖点。

（2）肉食品。购买肉食品是大多数顾客光顾超级市场的主要目的之一，肉食品一般应沿着超级市场的内墙摆放，方便顾客一边浏览一边选购。

（3）冷冻食品部。冷冻食品主要用冷柜进行陈列，它们的摆放既可以靠近蔬菜，也可以放置在购物通道的最后段，这样冷冻食品解冻的时间就最短，给顾客的携带提供了一定的便利性。

（4）膨化食品部。膨化食品包括各种饼干、方便面等。这类食品存放时间较长，只要在保质期内都可以销售。它们多被摆放在超级市场卖场的中央，用落地式的货架陈列。具体布局以纵向为主，突出不同的品牌，满足顾客求新求异的偏好。

(5) 饮料部。饮料与膨化食品有相似之处，但消费者更加注重饮料的品牌。饮料的摆放也应该以落地式货架为主，货位要紧靠膨化食品。

(6) 奶制品部。超级市场中的顾客一般在其购买过程的最后阶段才购买容易变质的奶制品，奶制品一般摆放在蔬菜水果部的对面。

(7) 日用品部。日用品包括洗涤用品、卫生用品和其他日用杂品，一般摆放在超级市场卖场的最后部分，采用落地式货架，以纵向陈列为主。顾客对这些商品持有较高的品牌忠诚度，他们往往习惯于认牌购买。这类商品的各种价格方面的促销活动，会使顾客增加购买次数和购买量。

第三节 安全防损

超市的损耗会给我们带来很大的经济危机，商品大量的失窃甚至会使超市倒闭，而致自己最后失业。这不是危言耸听，要想我们超市在同行业之间立足不败昌盛发达，我们认为如对反窃行为巡视不力，或措施不当，既损害了超市的经济利益，又助长了不正之风，使贪心的人更胆大妄为，肆无忌惮。对反窃行为不重视，就是执行不了“脚勤、眼快”的工作责任心。因此我们不要给偷窃者创造机会，大家要学习和钻研反盗窃的工作和方法，建立相关的防损措施，提高工作成效，保障商品安全，这才是防损工作的重中之重。

超市防损的方针是预防为主，以抓为辅，预抓结合。要有全员防损意识，防损不尽在于抓小偷，而是有很多方面需要我们全体员工来加强管理，我们防损的原则是降低经营成本，维护正常的购物秩序和经营秩序，提高我们的竞争能力。这才是我们防损工作中的重中之重。所以要求我们的管理人员要教育我们的员工在工作中处处要以节约为本和进行工作技术和防范损耗方面的培训，做到防范于未然，培养忠诚的员工，规范服务，提高素质，保障良好的购物环境，从而提高顾客的购物欲望这才是我们共同的目标。

一、营业员的防盗训练

1. 对顾客友好是最重要的，在礼貌、礼仪到位的基础上，尽可能建立与顾客的联系。

2. 工作中要不断扫视通道

若发现某个地方有顾客在徘徊，上前询问是否需要帮助。

3. 凡手推车中放着敞口手提包的顾客应加以注意。

4. 应特别注意把物品放在手推车周围而留下中间以备打包用的顾客。这种技巧叫“筑巢”。

5. 在天气暖却穿着厚大衣或茄克的人大多有图谋不轨之嫌。

6. 顾客携带“反常”物品时，须多加防备。如晴天带雨伞等。

7. 当卖场发生争辩、打斗、顾客酗酒等混乱情况时，须冷静观察“趁火打劫”者。尽可能地盯住将物品藏匿于手提包、口袋、包装袋或衣服里的顾客，并记住所藏物品的种类，最好是让同事迅速告知保安人员来处理。

8. 一般情况下，如果没有超市负责人的授权，尽量不要只身捉拿偷盗者。但必须将有人偷盗的情况报告上一级或保安部门。

9. 当要在卖场巡视时，应利用不同的通道，尤其要经常利用交叉通道。

二、收银员的防盗训练

1. 检查每个购物手推车的底端，确保没有更小的物品藏于其下。

2. 检查大包装商品，以防藏匿其他小物品。

3. 检查顾客手中的杂志报刊，防止藏匿扁平物品，如贺年片。

4. 防止以次换好，对将一个 UPC 条码粘附在原有的正确条码上面的可能性保持警觉。

5. 正当进行收款录入的时候，有顾客不住地谈话，要保持警惕。

6. 无顾客结账时，要不停地扫视出口和通道。若在等下个顾客结账时，应保持与前一个顾客的联系。

7. 当对一个顾客产生怀疑时，要保持冷静和礼貌，并通知主管或超市其他负责人。

8. 注意装粮食、纸巾卷等包装的重量并检查包装上的破裂和小孔，因为偷盗者经常用这类包装物藏匿其他小商品。

9. 若发现小孩在吃超市里的东西，而其父母却佯装不知的话，应采取和善的态度提醒一下，以达到收回货款的目的。

三、对偷窃行为的处理和注意事项

如果已经确定了有偷窃的行为，为了妥善处理，要注意一些处理事项：

（一）带到办公室

带到办公室的时候，可以让顺手牵羊的顾客走到前面，也可以由两位职员一前一后带路。假如只有一个营业员在前面带路，小偷可能在往办公室的途中把偷拿的商品丢掉，或者隐藏在途中某个卖场，如此一来，一旦带到办公室的时候，可能就查不出有偷拿东西的真相了，反而因为带路人的疏忽而给小偷有脱罪的机会。

（二）交谈

最好的方法是把小偷交给附近的派出所去处理，如果是自己店内处理的话，你毕竟不是警察的身份，主要意思无非是希望小偷把商品还回来，绝对不可以过分盘问，否则反而会造成更严重的问题，这一点一定要注意。

（三）尽量避免在人多的场所

因为店方恐怕会毁坏对方名誉而被指控强迫将顾客关在封闭的房间里，所以盘问小偷的时候，应该打开门，但最好是从外面看不到的地方。

（四）心平气和地谈话

不可以让顾客坐在椅子上，而店方的人三四个都站着讲话。应该是双方都坐着，端出茶来喝，并心平气和地进行谈话。处理人员大约 2 名，如果小偷是女性的话，店方应加派女职员为宜。

（五）注意问话的方法

“刚才在卖场上拿到的商品，是不是还有尚未付钱的东西呢？如果有冒犯之处请见谅。”“果然是忘了给钱。那么，麻烦您将那商品拿出来，好吗？”如果方便的话，能不能请您把那个袋子里的其他商品给我们看一下？”切记，这个时候必须由顾客亲手取出，否则有侵犯人身之嫌疑。

（六）软化小偷

最难处理的是，不说出自己的名字，并且反抗说“钱给了就没事”的顾客，以及不知反省自己行为的顾客。这种时候，除了立即把他（或她）当作嫌疑犯移交警察之外别无他途。事情演变到这种地步时，如果临时起偷窃念头的是位女性顾客，不妨话题引出小孩子或其先生，那么大概可以软化她，而不再反抗。

第四节 产品演示

中国有一个成语叫守株待兔。它讲的是宋国一个农民偶然有一天看到一只兔子撞死在树上，于是以后每天他都在等兔子来撞树，可是等了很久都没再等到。现在市场竞争非常激烈，生产同一类商品的厂家成千上万，在超市、商场里同类的柜台也有很多。要在激烈的竞争中取胜，我们不但要有良好的形象，还要主动地采取措施，主动地表现自己，突破自己，才能获得顾客的青睐。如果光是像那个宋国农民那样，只是守株待兔，是不可能有好的销售业绩的。

作为营业员，我们可以主动地以行为吸引顾客。这些行为主要包括：

一、现场演示

一般来说，现场演示在食品行业、电器行为的销售柜台采用得较为普遍。所谓现场演示就是把产品造型、性能、具体的制作方法、使用方法直观形象地展示给顾客看。比如在现场烹饪香肠、烘烤面包、榨果汁，让顾客感受食品的色香味；比如在售卖风扇的柜台，让风扇不停地运转，让顾客直接了解其性能。

所谓“百闻不如一见”，现场演示能让顾客直观的看到产品的特性，具体来说它有着以下的好处：

（一）可以有效地解除顾客对商品的顾虑

有些顾客有购买商品的需求，但是他们并没决定购买哪种品牌，或者是他们对产品一知半解，这种顾客可能会处于非常随机的状态。他有可能会走进你的柜台，也可能会走进你的竞争对手的柜台。但如果你的柜台有现场演示活动，由于整个演示过程使用的道具是实实在在的商品，可以直观、形象，毫无掩饰地将产品的造型、功效、性能、使用方法等直接展示在顾客的面前，顾客因深刻了解你的产品，原有的顾虑就都消除了，他们就会走入你的柜台了。

（二）能激发顾客的需求欲望

现场演示对于那些没有消费需要的顾客来说，具有激发欲望的作用。他们亲眼看过商品的制作和使用方法后，不但了解了你的产品的优越性，也学会了商品使用的方法和基本技巧，他们会突然感觉自己好像特别需要这种产品，从而产生了购买的欲望。

（三）能聚集人气

大多数人都有这样的心理，当你看到有人围在一起像在做什么事的时候你也会好奇地想知道他们到底在做什么。销售不怕顾客多，就怕没有顾客来。顾客都有从众的心理，当你的柜台聚集了若干个人，那么必然能吸引其他的好奇者走过来。在这些观看的人中，肯定会有潜在购买者。

（四）宣传产品形象

当你的产品的造型、功效、性能、使用方法充分的展示在顾客面前时，即使顾客暂时不会购买你的产品，也会使他记住你的公司和产品的。

二、现场演示要注意事项

现场演示具有良好的推广效果，如果条件许可，不妨多采用这种方式，不过进行现场演示也需要一些技巧，总的来说应该注意以下几个问题：

（一）人员流动频繁的地方

制作演示最好是设在人流较多的地方，这样才能引起广泛的注意，到吸引顾客的目的。

（二）现场演示要注意挑选适宜的时机

现场演示时机把握很重要。

（三）安全至上

演示的场地一般是公共地方，人流较多，而演示商品需要许多工具（这里特指食品演示注意事项），如刀具、各种调味料、电源等，所以演示时要把相关的危险物品放在安全的位置上。比如刀具要放在隐蔽的地方，用油要控制火候，使用电器要确保用电安全等。假如在制作食品时弄掉了工具，或是弄洒了调味料，会给顾客一种非常不专业的感觉；而电器的演示如果不慎让电器伤到了顾客，或是漏电等，那后果将会不堪设想。

（四）卫生清洁

现场演示要特别注意卫生和清洁，特别是制作熟食品或是即食食品时一定要戴上口罩，清洁双手，必要时要戴上手套，夹取食品要用干净的工具，所有的熟食都要密封摆放。还要时刻保持桌椅的清洁，工作台面千万不能有任何的脏物、水渍，总之要时时刻刻给顾客卫生干净的感觉，才能使顾客产生信心。

（五）动作专业

演示人员在演示过程中，必须非常熟悉整个流程，动作必须是纯熟的，标准的、灵巧的。只有规范化的动作才可以给予顾客一个专业的形象，产生强大的说服力。

三、演示后应做的工作

营业员演示的目的是想要客户购买商品或产品，演示完了，营业员应该做以下几个工作：

（一）主动邀请顾客尝试

有的顾客虽然对产品产生兴趣，但可能心中疑虑，或是不好意思试用。作为营业员，可以主动地邀请顾客试用，可以微笑的说：“请您试用一下，这是我们的新产品，是用新配方制作的。”，“您可以试穿一下看看效果。”如果顾客对你的话表示出兴趣，你可以主动地将商品递到顾客的面前。

（二）主动询问顾客尝试后的感受

当顾客试用时，你可以礼貌地询问顾客对产品的感觉，比如问：“您觉得这个衣服怎么样？”“您喜欢吗？”“我觉得这款产品的颜色特适合您，您觉得呢？”在新产品上市时，如果我们多询问顾客试用后的感受及其对产品的改进意见，可以起到改进产品外观、提高产品质量的作用。

（三）顾客在尝试后你要表示感谢

比如说：“谢谢您试用我们的产品”、“谢谢您的意见”，使顾客获得一种受尊重感。即使顾客获得一种受尊重感。即使他不打算购买你的产品。

第五章
营业员如何才能让客户满意

第一节 正确处理客户投诉与不满意

营销工作中经常遇到顾客投诉，面对顾客投诉有人从容处理，而有的人束手无策，怎么才能更好的处理顾客投诉呢?

投诉分两种，一种是善意投诉，也就是确实因为产品、服务、使用、价格等方面的实际原因而引起的顾客投诉；另一种是恶意投诉，也就是出于敲诈钱财、破坏声誉、打击销售等为目的的所谓“投诉”。

一、处理投诉的五个技巧

（一）热情

凡顾客出现投诉情况，多数态度不友善，有些甚至骂骂咧咧怒气冲天，不管顾客态度多么不好，作为企业都应该热情周到，以礼相待，待如贵宾，如请到办公室、让到贵宾座、倒茶、敬烟等，如此一则体现了企业处理投诉的态度，二则体现了“顾客是上帝”的原则，三则可以舒缓顾客的愤怒情绪，减少双方的对立态度。

（二）倾听

面对顾客的投诉，作为企业首先是要以谦卑的态度认真倾听，并详实记录《顾客投诉登记表》。对顾客要和颜悦色，无论顾客说的对与错、多或少，甚至言辞激烈难听，都不要责难、诘问，顾客言谈间更不要插话，要让顾客把想说的一口气说出，顾客把想说的说出了，顾客内心的火气也就消了一半，这样就便于下一步解决具体问题。倾听时，注意千万不能跟顾客争吵，也不能打断顾客的口述，更要尊重顾客。

（三）道歉

听完顾客的倾诉，要真诚的向顾客道歉，比如说：对您使用本产品（服务）带来的不便，我代表公司向您表示歉意，或者大热天让您从大老远跑来实在不好意思，等等。道歉要恰当合适，不是无原则的道歉，要在保持企业尊严的基础上道歉，道歉的目的一则为了承担责任，二则为了消弭顾客的“火气”。

（四）分析

根据顾客的口述分析顾客投诉属于哪一方面，比如是质量问题、服务问题、使用问题、价格问题等，更要从顾客口述中分析顾客投诉的要求，同时分析顾客的要求是否合理，以及具体问题属于哪个部门，解决投诉前是否有必要跟该部门沟通或者跟有关上层请示。

（五）解决

根据顾客的投诉内容和投诉分析，依据本企业相关制度，参考《消费者权益保护法》等相关法律规定，决定是经济赔偿、以旧换新、产品赔偿、更换配件、上门维修，还是培训顾客指导使用等。把解决方案告知顾客，如顾客同意，则把处理意见登记在《顾客投诉登记表》上并让顾客签名确认。如果顾客不同意，看争议在哪里，同顾客协商解决，不卑不亢，以“息事宁人，保护名誉”为最高原则，尽量满足顾客要求。如果自己确实无法解决顾客投诉，则立即引荐给上层领导解决，以期圆满解决顾客投诉。当然顾客要求确实“太离谱”的话，则走法律途径，通过法律手段来解决顾客投诉。顾客投诉如当时无法立即解决，需要说明原因和确切解决时间，到时主动约见顾客。对于一些盲目投诉（本来不应该投诉）的顾客要详细解释，或操作示范，或专家答疑，或领导接待，动之以情晓之以理，使其口服心服，同时展示企业的良好形象。

对于顾客投诉的地点与层级，解决顾客投诉应尽量避免在公开场所，受理投诉以谁受理谁负责，实行“首诉负责制”，如因权力限制可向领导请求授权批准，严禁推诿扯皮，这一点对办事处、分公司等分支机构尤其注意。当然当地如有售后服务等专门处理顾客投诉的部门，需直接把顾客投诉交由专职部门来处理。对于恶意的投诉，则义正严词，令其立即放弃恶意投诉。如果恶意投诉情节恶劣，或对本企业造成不良影响，或对本企业销售造成损失，则直接拿起法律武器，通过法律渠道来解决。

二、处理客户不满的态度和方法

（一）让相关负责人处理客户不满和投诉

作为营业员不管与顾客往来的时间有多长，要消除顾客的不好印象是很难的。营业员在遇到客户不满时，应对客户说：“万一我回答错误的话反而麻烦，所以还是让我去请负责人来，请稍等。”然后去叫负责人。

（二）要表明认真的态度

为了解决客户的投诉，营业员最好拿出笔记本和笔，记录顾客不满意的情况，深入了解顾客的想法，顾客才会回以慎重的态度。

（三）要耐心听完，中途不辩解

不论客户有什么样的不满，情绪如何激动，营业员都不要辩解，让顾客尽情地说完，顾客会因满足感而觉得安慰。

（四）不可忘记客人的好意

营业员要明白，顾客是好意才会说出对商店的不满，如果认为很烦，自然不会说出来，也没有让商店改进服务的机会，所以不可忘记顾客的好意。

（五）不可指出顾客的错误

营业员对于顾客不合理的投诉，不可擅发议论与对方争辩。即使对方的投诉的确不合理，也不可说出："你是错的！"

（六）从投诉中学习

营业员应懂得投诉的顾客是基于对自己店的商品有兴趣和关心才来讲话的，因此，应抱着感谢的态度。不过，许多投诉都是可以事先预防的，而且每个店都会有人投诉的，因而不必过于紧张。

三、处理投诉的注意事项

1. 听投诉时要注意：听完所有投诉与不满，要抱着关心的态度注意听，要没有偏见。对问题须加以记录。

2. 告知解决的方法时，要亲切让客人接受。如果需要办理其他手续时，要详细说明如何办理。

3. 对待顾客投诉切忌躲、拖、哄、吓，"躲"躲不住，"拖"拖不掉，"哄"哄不好，"吓"吓不跑，只有认真负责、及时处理，才能让顾客满意，真正解决顾客投诉问题。

顾客投诉从一定意义上说并不是坏事，有投诉就说明有差距或不足，以此为方向，企业可以改进产品、提高技术、加强管理、完善服务，提高企业竞争力和效益，因此企业应以谦卑、负责、宽容、求进的态度，欢迎顾客的一切善意投诉。为了规范化处理客户投诉与不满等售前、售后问题，大部分超市、公司、商铺都会出台一系列的顾客服务思想的实施细则指导营业员的工作。

顾客服务思想的实施指的是将顾客服务的方案和行动指南转化为具体行动的过程。培养顾客服务的导向意识、建立顾客服务体系是企业服务制胜的前提和保证，但有效的实施则是把服务意识、行动方案转化为实际的优良服务的必要途径。为此，企业的管理人员及全体员工都必须通力合作。

四、顾客服务原则及实施要点

(一) 顾客服务原则

1. 与其他任何工作相比，首要的一条就是要学会帮助你的顾客。

2. 必须牢记你站在这里就是为了满足顾客的需要，而其他的一切则是次要的。

3. 顾客永远是对的，因为只有他们才知道自己是否已完全满意，是否已得到了与他们所付出的金钱相称的回报。

4. 当不满意的顾客寄来投诉信或打电话过来报怨时，已表明他们未得到他们原本所期望的回报。

5. 不满意顾客不是麻烦，对你而言是一次挑战或一次机遇，他们并没有向其他人报怨，而是给了你一次改正错误的机会。

6. 站在不满意顾客的立场看待问题，并想想如果你处于他的立场，你会要求对方如何做。这样，你就能很好地使他们变为满意顾客。

7. 如果出现了不满意顾客，仅给予他们你原来就已承诺的一切是远远不够的，你需另外附加一些利益以给他们一些惊喜。

8. 而那部分附加的利益则应刺激他们，使他们能转变为你的固定客源。

9. 当你接待不满意顾客时，你应该明白你是在挽留一名即将离去的顾客，而不是一笔即将失去的交易。

10. 要把顾客当作长期顾客来耐心热情地接待，应杜绝在接待顾客上的任何草率、轻视态度。

（二）顾客服务实施要点

1. 领导以身作则

领导要使计划和方案化为每天的行动，企业领导者应用以身作则的方式，不厌其烦地阐释其服务信念，培养一种以服务为导向的企业文化，展现其真正为顾客服务的行为。

2. 成就优秀员工

服务人员必须拥有优良的个性和出色的技巧。由于经常面对顾客，与顾客直接打交道，他们需要在相貌、风度、气质、性格方面接受挑选和培养。

3. 培训员工

首先使其具备工作所必需的技巧。其次，在仪容、礼节及语言方面进行培训。另外，要学会能快速果断地处理紧急事务。

4. 鼓舞士气

为顾客提供服务，需要花费相当多的心力和精神。因此，服务卓越的企业会利用各种措施，鼓舞士气。与顾客接触程度越高的员工，越需要利用各种措施加油打气，以激励其持久的顾客服务热情。

5. 利用中介机构

将一些服务项目分给企业以外的中介机构来完成，信息传达可能会更快，也更便宜。

6. 建立标准化反馈系统

使用标准化的反馈系统来回答顾客的征询，处理顾客提出的意见，以便于了解目前对顾客服务的水平和不足之处，进而更有助于提高顾客服务的满意度。

7. 完善服务设施

要提供绝佳的服务，最大的投资是服务设施建设——人员网络、硬件设施，以及支持顾客服务的信息系统。就吸引新的顾客上门而言，以各种有形的资产来强调无形服务的独特性，是顾客服务业中常见的营销手法。

8. 定期评价

利用多项量化指标衡量和评价服务品质是必要的，量化标准必须具体到顾客服务的每项细节。在设计评价系统时，要谨记以下原则：让顾客说出他们重视的是什么；留意错误的激励方式；让评价系统对员工产生重大影响。

营业员如果按照以上细则认真执行，必定会对销售、服务工作有很大的帮助。

第二节 与客户友好相处

做生意就是做人，尤其是营业员在前线，天天面对就是客户，和客户沟通对销售工作有着重大意义。如何快速和客户成为朋友，与客户友好相处，需要做到以下几点：

一、把客户当成朋友看

客户见到销售的时候他不会先想到你是为他提供服务解决问题的，大部分想的都是你来挣他的钱或是通过他来挣钱的，对你应该都有抵触。很难有第一次见到客户就成朋友的。但是你见到客户的时候不能太拘谨，因为他有抵触的时候需要你的大方来打破僵局，你要从内心里觉得他是你的朋友，和他平等的沟通，即不盲目自大也不妄自菲薄！让他能感到你平和的心态，对下面的介绍产品和详细了解有很大的帮助。

二、把握好介绍产品的时间

作为一个销售人员对自己销售的产品应该非常熟悉，也十分清楚自己的产品对客户有什么样的帮助，所以介绍的时候不要太笼统，简明扼要有针对性的介绍。不要用太长时间去介绍公司的实力和公司的详细情况，因为客户未必想了解这么细，除非他的购买需求紧迫，这是另外的情况了。一般采用的都是介绍完产品后就找个能聊天的话题，这个话题一般和工作，和想销售出的产品无关，消除客户的防备心理。尽可能的了解他的爱好和生活方面的信息，还有就是他对话题的见解，营业员回来都要详细的分析，以便于尽可能的了解客户。

三、要有敏锐的观察力和快速的反应能力

通常营业员到客户那里时，要用余光迅速观察办公室的布局和装饰物。和客户沟通的时候要观察客户的衣着和发型等你能观察到的所有信息，当然是找机会看，当客户和营业员沟通的时候，营业员的注意力是不能分散的。

营业员要把观察到的东西迅速在脑子里分析，如果看到桌子旁边有运动鞋就可以判断他爱运动，如果看到办公室里的装饰物是些名人字画，那也可以表现出客户的品味，把能观察到的所有信息进行分析后，就会有自己的初步判断。在产品等介绍完毕后，营业员就可以问些关于自己判断出的东西，比如“您平时是否爱运动啊”等等，问这些话有两个目的，一是判断他的性格，爱运动的人性格都较开朗，第二就是可以有个共同的话题，然后就话题深入。当然不可能所有的客户都爱运动，所以我们一

定要全面的充实自己，不用太精但一定要广，遇到什么样的客户都可以有自己的见解或是能和他一起讨论。

四、细心、认真，不能随便

和客户沟通的时候要详细的了解他的家庭情况、子女情况和身体健康情况等方面的信息。一般的销售都知道客户生病的时候是个好机会，当然我们不是盼望客户去生病，但是如果客户生病的时候我们一定要把握机会。这个时候去看望他是像朋友一样的看望，关系好的会更好，关系一般的他对你的印象也会有改观。至于家庭信息和子女信息就是看你对他的子女有无什么帮助，能不能去帮他做些他想做却没有做到的事情，比如孩子上学，或是家教啊什么的。当然这样的机会不是每个人都有，就要看我们的细心程度了，因为了解这些信息至少我们可以给客户的家人买些小礼品，不是一样可以逐步的改变吗？和客户成了朋友后也不能随便，要随时的提醒自己他们是朋友，出去唱歌喝酒时也要尊重他们，但不要太谨慎。

商场如战场，以上介绍的是上门销售营业员与客户友好相处的方法，其实要真正做好服务，不管是哪类型的营业员，如果要与客户友好相处，获得客户的好感，必须做到知己知彼，才能百战不殆，除了了解顾客目的之外，营业员更要把握顾客的性格，才能友好地与客户相处，获得顾客满意。

一般来说，可将顾客分为三类：

1. 深藏不露的；

2. 态度直接明了的；

3. 知道不多却装作懂得很多的。

作为营业员，应付见多识广顾客的最佳诀窍就是：懂得的商品知识比顾客多，并能用正确、易懂、有感情的语言跟顾客说明产品的用途、特征等。

合格的营业员可以说明本店内的任何商品，可以有很多种方法了解商品知识，比如营业员之间交流、厂商或批发商送来的产品说明书、产品宣传册等。有了丰富的商品知识，就能获得各类型客户的信任。另外，应付顾客要有耐心，服务要细心周到。

另外，营业员要考虑如何对待儿童顾客。小孩子一般爱憎分明，他们绝对忘不了对营业员的第一印象，并会很直接地评价这些商店，好就是好，不好就是不好，小孩子不会考虑太多。商店一旦招致他们的不满，后果相当可怕，因为他们虽是小顾客，但他的上面还有父母、兄长，他们的不满很容易被传染给其家人和朋友。

聪明的营业员则会让孩子自由地选择，满意之后就会成为本店的常客。相比之下，好的营业员能跟孩子们打成一片，不仅自己返老还童，其乐融融，还可招来孩子们更多的“死党”。可以想象，此店的生意定会越来越兴旺。

第六章
营业员该如何使用服务用语

第一节　营业员基本用语要求

一、讲求讲话的顺序和逻辑性

思维混乱、语无伦次，必将导致顾客不知所云，无所适从，因此，营业员必须把握好说话的条理性、层次性，清晰、准确地向顾客表达自己的意思。

二、突出重点和要点

销售用语的重点在于推荐和说明，其他仅仅是铺垫。因此，在接待顾客中，必须抓住重点，突出要点，以引起顾客的注意和兴趣。

三、不夸大其辞

不着边际地吹嘘夸大，可能暂时会推销出商品，但并非永久的良策。顾客吃亏上当只能是一次，最终受损失的仍然是商店或所销售产品品牌。因此，诚实客观地介绍推荐，才是长久的良策。

四、决不能对顾客无礼

对顾客在语言上失礼甚至使用讽刺、挖苦或污辱性语言，不仅会气跑一个顾客，对其他在场或不在场的顾客，也会产生不易消除的恶劣影响，会使企业形象受到极大损害。因此，不论遇到什么情况，都必须避免冲撞顾客。

五、不使用粗俗语言和方言土语

在接待顾客过程中，营业员不能讲粗俗不堪的市井语言，即便是对同事讲话，也要讲求文明用语。另外，尽量不使用方言土语。

六、不贬低同类产品

在接待顾客的过程中，营业员不能因为销售同类产品而贬低其他商品，扰乱客户的视听，应公平、公正向客户说清楚商品的特点、性能，购买的权利在客户。

第二节　如何使用服务用语

一、用语的种类

（一）常用文明用语

要求：语言文明礼貌，服务主动热情，语气自然亲切，态度友善诚恳。

例如：先生（小姐）你好！

没关系（不用谢）。

谢谢！

对不起。

请走好（好走）。

（二）招呼用语

要求：笑脸相迎，说好第一句话，给顾客留下美好的第一印象。

例如：欢迎光临，请随便看看！

早上好（你好）！

我能帮你什么呢？

你想选件什么样的商品呢？

请稍等，马上来。

这是你要的东西，请看看。

请多关照。

（三）介绍、询问用语

要求：热情诚恳，突出商品特点及卖点，抓住顾客心理，当好参谋，注意不要言过其实。

例如：欢迎光临，今天我们搞××××活动，你随便看看。

请问您贵姓（怎么称呼您）？

我给您介绍几款好吗？

这是今天刚刚到的新款，您不妨试一试。

喜欢可以试一下。

这款商品现在很流行，买回去送朋友或自己用都不错的！

这款穿着效果很不错，又正赶上促销活动，你不妨考虑考虑。

这种面料衣服保养时应注意××××

麻烦你登记一下你的资料，以便我们帮你积分。

（四）答询问语

要求：热情有礼，有问必答，耐心导购并解决疑难问题。

例如：此款暂时缺货，请您留下姓名和联系电话，一到货马上通知你，好吗？

此款两三天就会有，请你到时来看看。

我说的这些，您看对吗？

有什么要求，请告诉我，我会尽力去帮助您的。

您要的商品和×××相比之下，这件更适合您。

（五）道歉用语

要求：态度诚恳，语气温和，力求顾客的谅解，决不允许推卸责任、强词夺理。

例如：对不起，让您久等了。

真不好意思，您要的商品暂时缺货。

对不起，我刚才没听见，你需要什么？

对不起，她是新来的，服务不周之处请原谅。

对不起，我们的工作没做好，请你批评指正。

对不起，小票开错了，我给你重开。

这是误会，请你谅解。

你提的意见很对，我们搞错了，向你道歉。

非常抱歉，刚才是我说错了，请多包涵。

对不起，这件没有条形码，我给你换一件。

（六）赞赏、同意用语

每个人都需要别人赞赏、认同，而恰如其分的赞美之语也是使顾客产生购买的动力之一。

例如：你说的没错。

你搭配衣服真有品味。

这件衣服更能衬托出你的身材。

真会选东西（你真有眼光）。

你有零钱，真是太好了。

（七）答谢用语

要求：对顾客的称赞和意见一定要答谢，显示良好的素质。

例如：你过奖了。

多谢你的鼓励（支持），我们今后一定做得更好。

这是我们应该做的。

谢谢你的建议，我一定向上反映。

多谢你的指正，今后我一定努力改进。

（八）收银用语

经手的现金及票据方面的失误负有不容推卸的责任，收钱时慎防假钞，务必做到边收边告知客户。

例如：收你×××元。

找你×××元钱，请收好。

你的钱正好。

你的钱不对，请你重新点一下好吗？

请保留好销售小票，以便积分。

（九）打包用语

例如：这是你的东西，请拿好。

东西都放进去了，请拿好。

这东西比较沉，我给你加一个袋子。

（十）道别用语

要求：彬彬有礼，让顾客高兴而来，满意而去，不允许默不做声，面无表情。

例如：谢谢，欢迎下次光临。

再见，你走好。

二、营业用语技巧

（一）“是、但是”法

在回答顾客异议时，这是一个广泛应用的方法，它非常得意，也非常有效。具体来说就是：一方面营业员表示同意顾客的意见，另一方面又解释了顾客产生意见的原因及顾客看法的片面性。

例如，顾客："我一直想买掌上电脑，但听说使用很难，我的一位朋友就从没有使用清楚过。"营业员："是的，您说得很对，很多人对掌上电脑的功能使用不是十分清楚，但是，商务通的设计是与众不同的，它肯定会十分好用的。这里有个简单的说明书将告诉您怎样使用，同时商务通内部有指导键，不会使用随时可以查询，或者打我公司的咨询热线，如果仍然不会使用，我们可以派人上门讲解，再不行可以退回商店。"你看，这位营业员用一个"是"对顾客的话表示赞同，用一个"但是"解释了掌上电脑不好用的原因。这种方法可以让顾客心情愉快地改变对商品的误解。

（二）高视角、全方位法

顾客可能提出商品某个方面的缺点，营业员则可以强调商品的突出优点，以弱化顾客提出的缺点。当顾客提出的异议基于事实根据时，可采用此方法，例如，营业员："商务通的记事容量很大，可以记50万汉字。"顾客："容量是很大，但很容易丢资料。"营业员："您说的是低价格的产品，需要有备用电池，以防换电池时丢失资料，现在的商务通采用快闪内存技术，换电池或把电池拿掉半年都不会丢失资料的。"

（三）问题引导法

有时可以通过向顾客提问题的方法引导顾客，让顾客自己排除疑虑，自己找出答案。例如，一位顾客进入商店看鼓风机，顾客："我想买一台便宜点的鼓风机。"营业员："便宜的鼓风机一般都是小型的，您是想要小一点的吗？"顾客："我想，大概折价店里的会便宜一点"。营业员："可是那里的鼓风机质量和我们的比较起来会怎么样呢？"顾客："哦，他们的鼓风机×××"

通过提问，营业员让顾客自己比较商品的差异，做出选择。

（四）重视客户意见

对顾客的任何一种不同意见都不能置若罔闻。商业论证不仅要证实自己观点的正确，还要打消谈话对方的疑虑。如果对顾客的不同意见不作答复，会让人觉得售货员对商品故意只做不完整的、有倾向性的介绍。为避免这一点，对顾客任何一种不同意见都不能置之不理。应该防止这样一种错误认识，把顾客的不同意见当作是吹毛求疵，不信任。

顾客的不同意见恰恰说明他对商品很关心，说明他有吸取你的意见的愿望。这样的顾客比光听不说话或者只用一句话来回答问题的顾客好说服得多。不同的意见只能反映出顾客的立场，暴露出他的忧虑所在。

第七章 常用的促销方法

第一节 销售前的迎宾方式

店铺销售是一种被动销售，营业人员站在店面内等待顾客上门。顾客上门时需要我们采用顾客喜欢的方式去迎接顾客，只有这样顾客的感觉才会更好、更自然。我们比较常用的是四种相迎方式：问好式、切入式、应答式、迂回式。

一、问好式

有一次小黄陪爱人去某商场购物，走了10多个品牌的专卖店，所有专卖店的销售人员对于他们的来临全部是“统一口径”的“您好，欢迎光临，请随便看看”。听得小黄已经没有一点感觉了。这种方式大家都在说，说得多反而起不到相迎的作用了。店面多如牛毛，当每个店的销售人员都采用简单的问好，顾客就不会有特别的感受。如果我们在问好的后面加上产品的主要卖点，作一个简单的引导，就会在顾客的心里面留下一些新鲜的印象。

例如，“您好！欢迎光临，这是某某品牌推出的环保节能型笔记本”。这种问好除了简单问候以外，直接切入产品，把我们店面里的优质产品阐述出来了。

还有，"您好！欢迎光临，这段时间我们某某品牌笔记本有优惠活动"。这种问好方式又阐述了一种新观点，让顾客对优惠活动感兴趣。"您好！欢迎光临，这是某某品牌笔记本专门为白领人士设计的时尚型笔记本"。类似于这样，专业的销售人员在问好后面加上产品的简单介绍来吸引我们的顾客，给顾客与众不同的感觉，让顾客记住我们这家店。

二、切入式

顾客大都具有一种从众心理，越是人多的地方越要挤过去看看。所以你会发现，一个店面里人很多，还会有更多人涌进去，这就会造成一种局面——当人手不够的情况下，一下子来了三拨或者四拨顾客，怎样做才能照顾好每一拨顾客，让他们每个人都感觉到自己受到关照。切入式相迎非常适合此种情形！

举个简单的例子，比如一名顾客在和我们交流："嗯，你们这款产品是什么材质的？结实么？"顾客在探询，说明对产品有需求，我们的销售人员就要做出相应的解释："铝镁合金外壳，即使受到撞击，它也能够保证完好的运转，最终保护您的重要资料不会丢失"。正在这时，又来了一批顾客。这时，我们要先安抚住眼前的顾客，"对不起，请稍等一下"，说完后立刻转到新来的顾客面前："先生您好！您先看看喜欢哪款机子，有什么问题直接和我说好了"，同时递上我们产品的宣传彩页来稳住我们的顾客，让他先来了解一下我们的产品，稳住顾客后马上回来和前面的顾客沟通："这位小姐，您看通过我刚才的介绍，这样的笔记本是否符合您的要求……"直到把第一拨顾客搞定，再转到新来的顾客那里："对不起，让您久等了"。只有这样做，你才会发现，每一批顾客你都能掌控得住，而不会冷落任何一批顾客，不会出现顾客等了三分钟找不到人而黯然离去的情况。这就是切入式的相迎方式。

三、应答式

应答式就是回答客户的问题，看起来是被动的，但是随时可以变被动为主动，通过回答顾客的问题了解顾客的需求。举个简单的例子，顾客："这是某某品牌的笔记本么？"这时我们要先做回答，然后变被动为主动："是的，先生，您对我们某某品牌的笔记本很了解是么？"直接一个探询需求的问题就推给了顾客。而有些不合格的销售人员则是直接回答："是的，没错。"白白丢掉了探询顾客需求的机会。我们销售人员要努力做到随时探询顾客需求，随时用"问"的形式来引导我们的顾客。有的顾客可能会问："你们这款笔记本的质量怎么样啊？"我们会怎样回答呢？"这款质量很好啊，在卖场里很知名的，您是第一次了解我们这款笔记本吧？"这又是一种"问"的方式，有效引导我们的顾客。而不是顾客走到哪里跟到哪里，只有有效的引导顾客的需求，满足顾客的需求，才能逐渐成长为一名优秀的销售人员。这就是应答式方法。

四、迂回式

迂回式就是要营造一种朋友见面的愉快场景，互相的交流沟通，不是直接切入销售的话题，而是采取迂回的策略，从其他话题引入。举个简单的例子：

1. "张先生，今天心情不错嘛，有什么好事情啊？"利用生活场景创造和谐的沟通氛围。

2. "张先生，我记得您，您上次和您爱人来过"叙旧方式，表示您给我的印象很深。

3.“哦，这是您的小孩吧，长得好可爱哦！”赞美方式，让顾客心情愉快。

4.“李先生，上次是您带朋友来买我们某某品牌的笔记本吧，用得还好吧？”

营造一种朋友见面的感觉，既问候了顾客，也切入了话题。这就是迂回的方式。

第二节 销售方法与技巧

留住顾客，扩大销售是许多营业员想要达到的目标。但要做到这一点，没有与顾客的全面交流和沟通，是难以做到的。一般来说商场的生意兴隆与否，要看所拥有的固定顾客的多少而定，而了解客户是与客户建立良好关系的第一步。人一定要先从相识，进而相知，最后才能建立稳固的合作关系，甚至终生不渝，营业员与客户的关系，也必须如此。实践证明，营业员只有与顾客维持密切而良好的关系，才能让客户长期惠顾，保证公司的营业额。

一、营业员如何与顾客保持良好关系

营业员过去有一句老话，叫“待顾客如亲人”这种做法，也好也不好。因为顾客各有不同，所需求的关系也不同，“亲密之中，也要保持礼仪”，过分的亲近会招致顾客的反感，因此，营业员在与顾客闲话家常时，态度及措词都要有分寸，不可忘记自己正在执行销售工作。当然顾客自动聊起个人问题，应委婉避开并划清彼此间关系，才不会让其他顾客感到不舒服，熟客得罪不起，但也不能为了照顾熟客而使新客感

到心理不平衡，忽视了新客成为熟客的巨大潜力。营业员应清楚熟客与新客都是客人，都是上帝，他们有权利获得平等的待遇。二是，营业员可以和他们一起打招呼，等顾客都散开后，再针对新老客户不同对待。

有时顾客会反过来问营业员自己买什么样式好，顾客之所以找店方商量，完全是出于对店方的信任，因此店方则应尽心尽责不使顾客失望。首先营业员要有严肃认真的态度，应确立责任心，不能以随意的态度敷衍顾客。同时，营业员也应尽量避免为获取利润，极力推销贵重商品，而不管其是否适合顾客的需要。

有时发现顾客全神贯注地审视一件商品，或反复从多种商品中拿出某一种，这时店员该"出击"了，走到顾客身边，但不宜太近，说："有挑到中意的东西吗?"只要顾客开启金口，或点头同意，表明此次出击已基本成功。接下来的应对诀窍是：态度从容，语调清晰，沉稳。

顾客没有决定买哪种商品前，切不可贸然上前应对，不如让其自由浏览，店员不妨仔细观察，做好应对准备即可。对观看商品的顾客，尽管他一言不发离去，也不能背后批评，更不能怀疑顾客是扒手，被人怀疑的滋味不好受。今天的顾客空手而归，谁能肯定他明天不会再来呢?下面介绍几种帮助销售的方法：

（一）按照性格类型接待顾客

1. 见多识广的顾客其接待方法是：赞扬、引导和谦虚。

2. 慕名型顾客及其接待方法是：热情、示范、尊重、不要过分亲热。

3. 性格未定型顾客及其接待方法是：大方、有分寸的热情、保持一定的距离。

4. 亲昵型顾客及其接待方法是：赞扬、亲切、宽容。

5. 犹豫不决型顾客及其接待方法是：鼓励、引导、替他决断。

6. 商量型顾客及其接待方法是：提供参考、平和、有礼貌。

7. 慎重型顾客及其接待方法是：少说、多给他看、鼓励。

8. 沉默型顾客及其接待方法是：亲切感、有问必答、注意动作语言。

9. 聊天型顾客及其接待方法是：亲切、平和、在不经意中推荐。

10. 爽快型顾客及其接待方法是：鼓励、建议、替他决断。

11. 好讲道理型顾客及其接待方法是：多提供商品知识、欲擒故纵。

12. 爽朗型顾客及其接待方法是：热情、大方推荐、快速成交。

13. 谦虚型顾客及其接待方法是：鼓励、赞扬、距离感。

14. 腼腆型顾客及其接待方法是：主动接触、引导、多问。

（二）通过促销手段增进销售

以上介绍的是营业员通过增进与顾客的关系达到销售的目的，还有一些方法也能帮助我们达成销售目标，比如我们还可以通过派发促销品来吸引顾客购买产品。促销商品包括印制精美的传单、优惠券、赠品等。

为什么要向顾客派发促销品呢？很多人进入超市或商场，往往是没有目的性的，如果你在适当的时候派发给他们一些促销品，他们就可能会对你所派发的促销品产生好感，从而对你的产品发生兴趣，说不定会因此走进你的柜台。

促销品有很大的刺激欲望的作用，但是如果派发的方式、方法不正确，就会起到相反效果。有时我们在街上会看到，一些商家派发给顾客的宣传单，顾客看都不看，一转身就把宣传单扔了；有些商家在派发宣传单时一味地追着顾客，顾客很不耐烦。

这些派发方式只会大大削弱顾客的消费欲望。

1. 促销品派发的方法

（1）站在离顾客半米远的地方

在向顾客派发的时候需要选择与顾客合适的距离，站得太远，顾客听不到你说的话，或者认为你不是在对他说话；站得太近，容易适得其反，顾客会讨厌和产生戒心，怀疑你的出发点。半米远，是较为适合的距离。

（2）身体向前微微倾斜

身体倾斜是一种礼貌的表现，在日本对于身体倾斜多少度，以及某种度数代表什么礼节都有详细的分类和介绍。例如，与人初次见面以鞠躬 15 度至 30 度为宜，见到自己的长辈需要鞠 90 度的躬等。当然我们不必计较具体弯腰多少度，但恰当的倾斜能让人感觉受到重视。

（3）送出促销品

递促销品时手应举到顾客腹部到胸部中间的位置。不要举到顾客脸部，这样会令顾客反感。手运动的幅度不要太大，动作要轻柔，让人感觉自然。

（4）简单的介绍公司和产品

在派发促销品时，要简单地对顾客说出你所在的公司和产品名称，以及派发的目的，比如说："你好，我是某某公司的工作人员，我们公司正举办优惠促销活动，买×××送×××。"有些公司规定有统一的说辞，比如雀巢咖啡举行促销派发活动，他们营业员都能必须在派发试用产品时说"雀巢给您带来好的开始"。简单的自我介绍，可以让顾客对派发的产品有一个初步认识。

（5）指示柜台的具体位置

当顾客脚步变慢，或者转向你时，你可以稍稍地指一指你的柜台所在的方向，微笑着说："我们的柜台就在那边，您有空可以过去看看。"或者告诉顾客促销品的具体使用方法等。如果顾客向你发出疑问，你必须耐心的给予解释。

（6）对顾客表示感谢

如果顾客离开，你可以对他微微弯弯腰，说"谢谢"。

2. 派发促销品的三原则

我们在采取以上六步法时，还应该注意三个要点：

（1）派发对象必须是产品的目标用户

不同的产品要派发给不同的顾客群，这样才能达到宣传的效果。一些休闲食品，比如饼干、饮料的促销品的派发对象应该是20岁左右的年轻人；一些调味料的促销品应该派发给家庭主妇，而不是小孩子。

（2）不要给顾客压力

当你把促销品递到顾客手中，你就必需观察顾客的脸色，如果他没有进一步的表示，你在向顾客表示感谢以后，就要退后离开，把处理促销品的权利交予顾客，即使我们看到他把宣传单丢弃，我们也不要上前去责怪他，这只能说明我们在派发宣传单时没有把握好技巧或是没有找对派发的对象。千万不要紧追不舍，不停地与他述说关于产品的信息，这样反而会令顾客反感。

（3）态度不卑不亢

派发促销品时，我们不能过分热情拉着顾客不放，也不能冷若冰霜把东西塞到顾客手里就算了事。要保持微笑、保持距离，运用礼貌用语，这样才让顾客感到亲切和舒适，从而对你的产品产生好感。

（三）通过与客户交流促进销售

1. 从谈话中不断引导客户购物

营业员在感觉到顾客对展示的物品感兴趣后可以不知不觉地、巧妙地将话题由讨论商品的一般性能转移到这一物品可如何满足顾客的具体需求上来。换句话说，营业员要将顾客推进到购买过程的下一阶段。

如果发现顾客对正在展示的式样不很满意，营业员可以多展示一些款式并强调不同样式的优点。比如一位妇女买裙子，看了几款后，对其中一条白底蓝花的丝质长裙犹豫不决，顾客说“这款裙子挺好看，只是这蓝色我穿显得太嫩了。”

“夏天就该明快一些，淡淡的蓝色对你很合适。”

“可这裙子颜色太浅了，不耐脏。”

“夏天反正得经常洗，再深些的也一样。而且这种丝经过处理，洗起来很方便，也不皱。”

营业员需要不断寻找施加影响的方法，同时还要顾及它们对顾客产生的效果，一个有销售技巧的营业员自己讲话不多，而是善于引出顾客的话头并由此来激发他说出自己的意愿和顾虑。

2. 用提问知道顾客购物的想法

对话中很重要的一点是提问题（提一个或一系列问题），问题要提得及时，提得正确。提问题不仅有利于接触了解，而且还能激发并引导思路。提问题通常要在顾客挑选物品之前，使他觉得他自己在自由地、独立地做出决断，这样可以免遭来自顾客的可能的防卫性反应。

但是并非每一个问题都会问得成功。因为既然是提问就要求回答，如果顾客没有什么可回答的，这便可能使营业员心里感到不快。

提出了问题并仔细听取了回答，营业员似乎知道了顾客想什么，感受到了顾客对商品、对自己的建议、态度。所以你若想把商品售出，就要努力让顾客先开口说话。

3. 嘴上谈着商品，心里想着顾客

（1）谈话要有具体针对性。也就是说，说话时要谈到那些对顾客来说最重要的点上。比如一位顾客要买手机送人，营业员应将他的注意力放在手机款式是否新颖、时髦；品牌是否响亮，拿得出手；是否有品味，最后要将注意力放在能否让受礼者喜欢这些方面。如果选购的是自用，那么重要的是它的质量和实用性。

（2）话不用多，但要有份量。营业员若把商品所有的优点都列举出来，反而会引起不信任，引起客户的怀疑和犹豫，如果营业员针对产品其中的一个或几个方面说一些有份量的话，那么会令人信服得多。

（3）对顾客的任何一种不同意见都不能不管不顾。如果对顾客的不同意见不作答复，会让人觉得营业员对商品故意只做不完整的、不全面的介绍。为避免这一点，对顾客任何一种不同意见都不能置之不理。

顾客的不同意见恰恰说明他对商品很关心，说明他有购买的愿望。这样的顾客比光听不说话或者只用一句话来回答问题的顾客好应付得多。

（4）善于发现“沉默”者。营业员要善于发现“沉默”的顾客。毋须多言，每个人都可能曾是位“沉默”顾客。若你是一位常出差的业务员，你很有可能遭遇过一家令你十分不满的旅馆并决定永不再来。如果你结账时，营业员问你“住得还好吗?”在大多数情况下你会答“很好”，显然你是一位沉默者。如果营业员并未此罢休，而是真诚地接着说：“先生，如果你是一位经常出差在外的人，或许你会知道我们现在的服务必有不足之处，能否告诉我们，让我们有机会改进呢?”你也许会把自己的不满之处详细地讲了出来。待回家之后，你很快收到了来自该店总经理的一封信，详述针对你的不满而已经采取的具体措施。相信你会感动不已！那么百货店如何才能使沉默者转为抱怨者以便使店家能有机会解决不满而留住顾客呢？以下做法实践证明是有效的。

①对于大件商品的购买者。向每一位顾客发放感谢卡并附加一张问题反馈单，询问其购物体验和有关建议。

让营业员同那些无反应顾客作进一步联系。他们中的有些人是沉默者，最好按类似于上面实例中的做法加以引导。

②对于小件商品的购买者。从顾客购物角度出发，所有营业员应尽可能多地获得顾客姓名及地址。同样向他们发放上述感谢卡及问题单。

那些不回答问题的顾客，同其中的1/3或更多的人进行进一步的电话联系；

对于那些不肯告知姓名的顾客，可以将感谢卡和问题单放入邮资已付，并且写好自己姓名和地址的邮包递交顾客，询问“你希望我们店内提高哪一方面的服务？”这种询问每年做两次，一次连续两周。尽管得到的答案可能是可笑的，但长此下去你会发现大部分的顾客是欢迎这样做的。

③感谢顾客。感谢顾客是一种老练而有效的方式。除了营业员在顾客购物时说“谢谢你”之后，店家还应有许多其他的方式向顾客表示谢意。包括下列行为：

永远感谢那些为店铺提出值得关注的问题的不满顾客。

当上述不满解决后，感谢顾客在解决的过程所表现的忍耐力。

待顾客不满得到解决后，由高层管理人员或店主立即给顾客发出感谢函。

每当大件商品出售后，发给顾客感谢卡和问题单，附加个人短言而不只是签字。

当顾客服务问题返回之后应以卡片形式感谢顾客。

不管购物多少，回头客应收到一张感谢卡。

任何信件或结账单上都应有："感情你惠顾……"字样。

总之，在当今高度自动化、快节奏的社会，花大功夫培训营业员在诸多场合下说"谢谢你"定会有所回报，你应该相信这一点。

（四）柜台营业员的语言技巧

柜台语言艺术要求营业员在接待顾客时要注意讲究文明用语和说话的技巧。语言是营业员与顾客进行沟通的工具，"懂得怎样说话"是销售技巧中最重要的。

文明用语和说话技巧是不同的，文明用语以选择词语为主；说话技巧则侧重在如何灵活委婉地使用词语。只有两者有机地结合起来，才能使顾客听起来自然、舒服、愉快，而这两者的有机结合，正是柜台语言艺术技巧之所在。

1. 询问的技巧

顾客走近柜台，营业员应首先与顾客打招呼，这是礼貌待客的具体表现，应大力提倡。但往往存在一些特殊情况，第一种情况是，主动问话反而引起顾客的反感。如顾客走近柜台，营业员问一声"您买什么？"顾客听到这句问话不仅不接受，反而质问营业员："不买还不兴我看哪！"结果双方弄得都很尴尬；第二种情况是由于营业繁忙或受其他客观条件的限制和影响，有时营业员不可能做到对每一位顾客都主动问话；第三种情况是有的顾客只顾看商品，营业员问也不是，不问也不是。在这几种情况下，营业员正确运用掌握主动问话的技巧就显得尤为必要。

（1）掌握好询问时机，恰当地使用文明用语。当顾客在柜台前停留时，当顾客在柜台前漫步注视商品或寻找商品时，当顾客手摸商品或与其他顾客商量议论商品时，当顾客持币来到柜台前时，都是营业员向顾客询问的好时机。语言一定要文明、礼貌、诚恳、亲切，用恰当地称呼说好第一句话，如“同志、老大爷、小朋友，您需要什么?”

(2) 巧妙地使用转化语，变被动为主动。如服装柜台营业员正在整理商品，没注意柜台前来了顾客，这时顾客冲营业员喊:“同志，把这件衣服拿过来我看看。”营业员应马上放下整理的商品走过来，边搁下衣服边问道:“您穿还是别人穿?”这句问话就属于转化语，由被动答话转为主动问话，可为整个服务过程顺利进行奠定基础。

(3) 灵活机动，随机应变。营业员向顾客问话不能死盯住“同志，您买什么?”“师傅，您要什么”不放。问话的内容要随机应变。要做到这一点，首先要求营业员针对顾客的年龄、性别、职业等特点来灵活地决定问话的内容。这种主动性问话，能消除顾客的疑虑，同时也能迅速地了解顾客的来意，为下一步的服务提供依据。其次要求营业员要根据顾客在柜台前的动作和姿态来灵活地掌握问话的方式和内容。比如，当顾客在布料柜台前用手摸布料，营业员便可主动询问:“您买布想做什么?”“给谁做”等。弄清来意的同时，营业员还要用准备性的服务动作来适应顾客的动作和姿态，便于掌握服务的主动权。

2. 回答的技巧

回答的技巧，主要是指针对顾客对某一商品提出的疑问，营业员所做的解释说明的技巧。其主要目的是说服顾客买此商品，却又不能露出“说服”的痕迹，这就要求营业员以语言的艺术提高顾客对商品的兴趣，化解其疑虑，使顾客最终购买。

(1) 掌握好迂回的技巧。对顾客提出的疑问，有时不便直接回答，特别是顾客对购买产生“异议”时，更不宜“针锋相对”。此时采取迂回曲折的方法从侧面进攻，可能会收到事半功倍的效果。

（2）用变换句式的技巧。当顾客选择某一商品认为价格太高时，营业员对这一问题有两种回答方法：一种是“这种商品虽然价格稍高了一点，但质量很好”，另一种是“这种商品虽然质量好，但价格太高了。”这两句话虽然只是前后顺序颠倒了一下，但给人的印象却完全不同。前一种说法会使顾客感到这件商品质量好，即使价格高也值得买。而后一种说法，则会使顾客感到这件商品不值那么多钱，买了不合算，因而会大大减弱购买欲望。根据上述两种表述形式，可归纳成这样两个公式：

① 缺点→优点＝优点；

② 优点→缺点＝缺点。

当向顾客推荐价钱高的商品时，一般应利用公式①。

（3）用“两多”、“两少”的技巧。这种技巧是指回答顾客的询问时，多用请求式，少用命令式；多用肯定式，少用否定式。请求式的语言是以尊重顾客为前提的，是将自己的意志以征求对方意见的形式表达出来，使顾客感到亲切，从而乐意接受；而命令式语言是以顾客必须服从为前提的，是强迫对方的一种行为。当顾客提出营业员无法答应的要求时，比如顾客要求退换食品时，如果营业员直接了当地说“不行”，就会使顾客不愉快。但如果说“请您原谅……”用和蔼的请求口吻既拒绝了顾客的不适当的要求，又不至于使顾客感到不愉快。肯定式是在肯定顾客陈述的基础上提出自己的意见，容易被顾客接受；否定式是在否定顾客陈述的基础上提出自己的意见，会使顾客产生一种被轻视的感觉，从而不愿意接受。

例如，顾客问：“这种商品是不是太贵了？”营业员回答：

“是贵了一些，但与其他同类商品相比，它多了两项功能，是值得购买的。”这就是肯定式的回答。如果营业员对顾客的这一问题这样回答：“一点也不贵，您就买吧。”这就是否定式的回答。这两种不同回答方式会对顾客购买行为产生截然不同的效果。又如当顾客问：“这样的衣服有红色的吗？”营业员回答道：“没有。”这就是否定式。如果营业员换句话说：“是的，眼下只剩蓝色和白色两种，这两种颜色都挺好看的，您穿起来一定很美。”这就换成了肯定式。艺术地使用肯定句式的回答方法，可给顾客以亲切、可信的感觉。

（4）根据顾客的表情回答顾客的询问。这是指营业员一边观察顾客的反应，一边回答顾客的询问，从而了解顾客对商品的态度，以便确定自己的回答方式。如一位顾客向营业员征询说：“我穿哪种花色好？”营业员手指一种对顾客说：“我觉得这种花色非常好看，您认为呢？”若顾客说：“不错，的确很好看”，营业员就可以继续介绍。假如营业员把朴素的花样拿给顾客看，顾客看后便皱起眉头，一言不发，营业员就应该明白顾客对此不满意，应再拿一种鲜艳的花色给顾客看，否则必定影响顾客的购买情绪。

3. 送别的语言技巧

营业员对即将离开柜台的顾客说上一两句颇有礼貌的送别话语，绝不仅仅是一种单纯的礼貌性的表示，而是有着丰富的内在涵义的。

（1）关心性的送别技巧。这种送别技巧用于特殊顾客和粗心顾客。如，老年顾客言行迟缓，记忆力不强，营业员送别时要用既亲切又关心的生活语言说：“大爷，请拿好，路上慢慢走！”这种送别语从词语的选择、语调的运用上就非常符合老年顾客的心理要求。当粗心的顾客选购完商品临走时，营业员应该说：

“同志，请把钱装好，把东西拿好，再见!”这样顾客会觉得营业员的提醒太及时了，从而产生感激之情。如果顾客是位残疾人，自尊心又很强，营业员的送别语，应该像对待正常顾客一样，语调少用拖音，以避免顾客误解。

(2) 祝福性的送别技巧。当顾客选购完商品将要离开柜台时，营业员用祝愿幸福、长寿、健康、美满之类的语言送别顾客。

这些祝福性的送别语言具有很强的针对性。如未婚青年男女选购完结婚用品，在送别他们的时候，就应该说:“祝你们幸福!”或说:“祝你们生活美满!”如果顾客选购商品是为了探望病人，营业员在送别顾客时就应该说:“祝您的亲人早日康复!”或说“祝您的朋友早日恢复健康!”

(3) 嘱咐性的送别语。这种送别语多用于儿童。如果儿童顾客要离开柜台了，营业员的送别语是:“小朋友，把东西拿好——路上要看着点车啊!”或者说:“小同学，把钱揣好，别贪玩把东西弄丢了，先回家啊!”这种嘱咐性的送别语，不仅能提醒儿童顾客在回家的路上注意交通安全和财物安全，更重要的是在他们幼小的心灵深处，打上了营业员优质服务和文明礼貌的烙印，培育他们的成长。

柜台语言艺术技巧很多，营业员针对不同情况加以运用，不仅是礼貌待客的表示，更重要的是给顾客送去了交易后的愉快，为以后的服务奠定了基础，从而为企业树立良好的社会形象。

(五) 销售技巧案例说明

案例一: 服装营业员销售技巧

在服装销售过程中，要注意推荐购买的技巧，营业员除了将服装展示给顾客，并加以说明之外，还要向顾客推荐服装，以引起顾客的购买的兴趣。营业员随机应变与胸有成竹都是必须具备的素质。

1. 避免命令式，多用请求式，要有信心

向顾客推荐服装时，营业员本身要有信心，才能让顾客对服装有信任感。

命令式的语句是说者单方面的意思，没有征求别人的意见，就强迫别人照着做；而请求式的语句，则是以尊重对方的态度，请求别人去做。请求式语句可分成三种说法：肯定句："请您稍微等一等。"疑问句："稍微等一下可以吗?"否定疑问句："马上就好了，您不等一下吗?"一般说来，疑问句比肯定句更能打动人心，尤其是否定疑问句，更能体现出营业员对顾客的尊重。

2. 少用否定句，多用肯定句

肯定句与否定句意义恰好相反，不能随便乱用，但如果运用得巧妙，肯定句可以代替否定句，而且效果更好。

3. 采用先贬后褒法

适合于顾客的推荐。对顾客提示商品和进行说明时，应根据顾客的实际客观条件，推荐适合的服装。在向顾客推荐介绍商品时，先提商品的缺点，然后再详细介绍商品的优点，也就是先贬后褒。此方法效果非常好。

4. 言词生动，语气委婉

请看下面三个句子："这件衣服您穿上很好看。""这件衣服您穿上很高雅，像贵夫人一样。""这件衣服您穿上至少年轻十岁。"第一句说得很平常，第二、第三句比较生动、形象，顾客听了即便知道你是在恭维她，心里也很高兴。除了语言生动以外，委婉陈词也很重要，配合手势向顾客推荐。对一些特殊的顾客，要把忌讳的话说得很中听，让顾客觉得你是尊重和理解他。比如对较胖的顾客，不说"胖"而说"丰满"；对肤色较黑的顾客，不说“黑”而说“肤色较暗”；对想买低档品的顾客，不要说“这个便宜”，而要说“这个价钱比较适中”。

5. 准确地说出各类服装的优点

对顾客进行服装的说明与推荐时，要比较各类服装的不同，准确地说出各类服装的优点，营业员把握流行的动态、了解时尚的先锋，要向顾客说明服装符合流行的趋势。把话题集中在商品上。向顾客推荐服装时，要想方设法把话题引到服装上，同时注意观察顾客对服装的反映，以便适时地促成销售。

销售就是指要有针对性。对于服装的设计、功能、质量、价格等因素，要根据顾客的情况，随机应变，不可千篇一律，不能只说：“这件衣服好”，“这件衣服你最适合”等过于简单和笼统的推销语言。依销售对象不同而改变说话方式，对不同的顾客要介绍不同的内容，做到因人而导。真正使顾客的心理由“比较”过渡到“信念”，最终销售成功。在极短的时间内能让顾客具有购买的信念，是销售中非常重要的一个环节。

案例二：卖鞋营业员的销售技巧

营业员职业的特殊性要求他们具有敏锐的观察力，善于从消费者的外表神态、言谈举止上揣摩消费者的心理，正确判断消费者的爱好，炼就慧眼洞察客人，有针对性的进行接待。

1. 从年龄、性别、服饰、职业特征上判断

不同的消费者，对鞋的需求各不相同，一般来讲，老年人讲究方便实用，中年人讲究美观大方，青年人讲究时髦漂亮；工人喜欢经济实惠的，农民喜欢牢固耐用，知识分子喜欢高雅大方，文艺界人士喜欢别具一格。当消费者跨进专营店时，营业员可从其年龄、性别、服饰上推测其职业和爱好，有针对性的推荐介绍鞋。

2. 从视线、言谈、举止上判断

眼睛是心灵的窗户，语言是心理的流露，举止是思索的反应。从消费者的言谈举止、表情流露能进一步了解消费者的需要和购买动机，还可以看出消费者的脾气和性格。动作敏捷、说话干脆利索的消费者，其性格一般是豪爽明快的，对这种消费者，导购人员应迅速为其推介款式，快速达成交易。在挑选鞋时，动作缓慢，挑来比去，犹豫不决的消费者，一般属于顺从型的性格特征，独立性较差。对于这种消费者，导购人员应耐心周到，帮助其挑选，并适当的加以解释，促使其做出购买决定。

3. 从消费者的相互关系上判断

消费者到专营店买鞋，特别是购买数量较多、价格较高的皮鞋时，大多是结伴而来，在选购时由于各自的个性特征及兴趣、爱好不同，意见往往不一致。接待这样的消费者，导购人员要弄清以下情况：

①谁是出钱者。有些时候符合出钱者的意愿是很重要的。

②谁是鞋使用者。有些时候使用者有决定权。

③谁是同行者中的“内行”，所以虽然他既不是使用者，又不是出钱者，但对式样选定起着重大作用。

在了解上述情况后，导购人员还要细心观察、分清主次，找到影响该笔生意的“守门人”，然后以“守门人”为中心，帮助他们统一意见，选定鞋，把握时机。主动、热情、耐心、周到是导购人员接待消费者的基本要求。但主动、热情接待消费者应抓住最佳时机，做到恰到好处。

消费者进店时。一个优秀的导购人员在消费者进店时，应能准确地观察判断出消费者进店的意图是哪种并能予相应的招呼和服务。

第一种是有明确购买目的的消费者。这类消费者目标明确，进店后主动向导购人员提出购买某种款式的要求。对这类消费者，导购人员应主动接待，热情地帮助挑选所需。

第二种是有购买目标但不明确的消费者。这类消费者进店后脚步缓慢，眼光不停地环视四周。对这种消费者，导购人员不要忙于接近，应让他（她）在轻松自在的气氛下自由观赏，看他（她）对某款鞋发生兴趣，表露出中意神情时，再主动打招呼，找出合适的码子让其试穿。

第三种是没有购买打算，来闲逛的消费者。这类消费者有的是单个逛，有的是结伴逛。进店后，有的行走缓慢，东瞧西看；有的行为拘谨，徘徊观望；有的是专往热闹地方凑。对这种消费者，就不忙于接触，但应该随时注意他（她）们的动向，当其突然停步观看某款鞋，表露出中意神态时，或在专营店内转了一圈，又停步观看这款时，导购人员就应及时的打招呼。

当消费者选购时。消费者选购皮鞋，一般要“看一看、问一问、比一比、摸一摸、试一试”，这是消费者了解和认识新鞋的过程。因此导购员要耐心地帮助消费者挑选，主动介绍，细心展示，不能急于成交，催促消费者。当消费者拿几种款式对比挑选时，导购人员应站在离消费者稍远的地方，让消费者无拘无束地比较、试穿，并从消费者的言谈举止中推测消费者喜欢什么样的款式，充分利用自己的专业知识，满腔热情地从鞋的原料、设计、性能等方面选择重点向消费者介绍。

当消费者需要推荐时。导购人员应采取适宜的方法，为了满足顾客自尊心的需要，一般应由低档向中、高档介绍，这样便于消费者在价格方面进行选择，提高消费者满意程度，促使交易成功。另外，导购人员在介绍过程中，把新款的特点突现出，还应尊重消费者的人格，语调与神态应恰如其分，切忌夸大或吞吞吐吐，给消费者留下不好的形象。

当消费者犹豫不决时。在很多情况下，消费者由于受各种因素的影响，迟迟下不了购买决定。接待这类消费者，导购人员要分析消费者犹豫的原因，使用恰当的语言，使消费者消除疑虑，下定购买决心。

如果在质量上犹豫，导购人员要耐心介绍鞋的设计创意、生产工艺过程等，使消费者了解，或者向消费者推荐其他款式。如果在价格上犹豫，导购人员在了解消费者经济状况及购买能力的基础上，应针对性地拿出不同档次的品种。导购人员消除消费者忧虑的方法很多，如实际操作方法，让消费者亲自试穿，加强对消费者感官的刺激，消除消费者的疑虑心，另外还有启发式、比较法、经验数据法等，导购人员应灵活掌握。

4. 消费者已挑选好商品

当客户已经挑选好鞋子时，导购人员要快速包装好，适当的情况下在包装的同时，导购人员还可以对消费者的选择给予赞许、夸奖，以增添达成交易给双方带来的喜悦气氛，但切忌过分，否则会给消费者留下虚伪、不真实的感觉。然后领到收银台等消费者付款后，送出专营店礼貌道别。

5. 顾客类型判断与接待技巧

顾客的消费需要产生的心理活动，导致了顾客的消费行为，而顾客的消费行为态度又决定顾客的购买，因此我们有必要探讨一下顾客消费行为态度。我们暂且把顾客的消费行为态度分为习惯型、理智型、感情型、经济型四类。

（1）习惯型：这种消费行为态度表现为顾客长期对一种品牌的皮鞋或长期光顾某家专营店，不会轻易受外界因素的干扰或他人的劝导而改变坚定的消费行为态度。这种态度一旦形成就会特别坚决，除非专营店搬迁或倒闭，皮鞋质量突然变坏使其大失所望等大的变化，否则他们的态度不会改变。

（2）理智型：这种消费行为态度表现为顾客不会轻信广告

的宣传和朋友的忠告，而是根据自己的学识和经验，对皮鞋进行认识的分析比较、判断衡量，对许多鞋的商标、性能、质量、外观、价格、品种等有一定的了解之后，再做出购买的决定。这种顾客多为知识面较宽、文化素养较高的人，他们平时对各种鞋的质量和价格反应较敏感，能迅速计算出皮鞋实际价值与价格之间的差距。

(3) 感情型：这种消费行为态度表现为顾客容易受到外界环境条件的影响，容易接受别人的意见，例如，易受广告的吸引和其他宣传的影响。在购买时，往往被鞋的某一方面，如款式、颜色、价格等强烈吸引，产生购买欲望，并迅速作出购买决定。因此这部分顾客有时会因为感情冲动购买而后悔。

(4) 经济型：这种消费行为态度表现为顾客多从经济方面考虑购买，他们对价格较敏感，价格是其考虑购买的主要选择。如有些顾客专买高档鞋以求名求好求新潮，显示自己的经济实力和地位或满足自己的心理需要；而有些顾客买低档或处理鞋以求廉，来满足自己的生活需要。

对经济型和感情型购买态度的顾客，也要把握好服务态度。对那些超量购买廉价鞋的顾客，要告诉他们削价的原因，同时劝告他们适量购买，绝不能只为尽快销售出去，唯利是图，而把顾客利益抛在一边。对买高档鞋的顾客，仔细讲明商品的优点、用途，使顾客感到花高价买的鞋"值"。对那些感情冲动，见到喜爱的鞋就大惊大喜的顾客，不妨多跟她聊几句，尽量使她静下来，然后介绍鞋，使她在感情较为平静的状态中购买。要知道，赢得顾客的信任比销售业绩更重要，因为回头客才能使专营店得到更多利润。

相对来说，理智型购买态度的顾客较难对付。对这类顾客，导购人员不必过多介绍，而对他来说，因为是行家，他可能会指出鞋的某些不足处，导购人员应该请他说出鞋的不足是属于什么性质的问题，如果问题很重要的话，我们将不再出售了。“谢谢你的好意，我们一定会提供更好的鞋，力求报答你的关心……”这情真意切的承诺，比任何无谓的争辩都更为有力。

第三节　促　　销

促销商品时，不仅仅与顾客交谈商品上的言语，可谈论其他与不相关的话题（特别是刚接触的顾客），建立并了解一定的顾客信息，再把话题转到商品上来，顾客较容易接受你提出的见解，达成交易。

一、常见的促销手段

（一）假定顾客已经同意购买

当准顾客一再出现购买信号，却又犹豫不决拿不定主意时，可采用“二选其一”的技巧。譬如，营业员可对顾客说：“请问你要那部浅灰色的车还是银白色的呢?”或是说：“请问是星期二还是星期三送到你府上?”，此种“二选其一”的问话技巧，只要准顾客选中一个，其实就是你帮他拿主意，下决心购买了。

（二）帮助顾客挑选

许多顾客即使有意购买，也不喜欢迅速拿下定主意，他总要东挑西拣，在产品颜色、规格、式样等问题上不停地打转。这时，聪明的营业员就要改变策略，热情地帮对方挑选颜色、规格、式样、交货日期等，一旦上述问题解决，销售也就成功了。

（三）利用“怕买不到”的心理

人们常对越是得不到、买不到的东西，越想得到它、买到它。营业员可利用这种“怕买不到”的心理，来促成销售。譬如说，营业员可对顾客说：“这种产品只剩最后一个了，短期内不再进货，你不买就没有了。”或说：“今天是优惠价的截止日，请把握良机，明天你就买不到这种折扣价了。”

（四）先买一点试用看看

顾客想要买你的产品，可又对产品没有信心时，可建议对方先买一点试用看看。只要你对产品有信心，虽然刚开始销售的数量有限，然而对方试用满意之后，就可能促成大笔的销售了。这一“试用看看”的技巧也可帮顾客下决心购买。

（五）反问式的回答

所谓反问式的回答，就是当顾客问到某种产品，不巧正好没有时，就得运用反问来促成销售。举例来说，顾客问：“你们有银白色电冰箱吗?”这时，营业员不可回答没有，而应该反问道：“抱歉！我们没有生产，不过我们有白色、棕色、粉红色的，在这几种颜色里，你比较喜欢哪一种呢?”

二、根据客户类型促销

当顾客匆匆而来时，当顾客出神地观察一件商品时，当顾客驻足观看的时，当顾客触摸商品时，当顾客开始翻找标价签时，当顾客左顾右盼时，当我们的视线与顾客相遇时，我们可以观察猜测顾客的性格，观察顾客数量，投其所好，顺其兴趣地给予促销，引导顾客对商品的兴趣。对不同类型顾客实施不同促销方法：

（一）按照性格特征划分

1. 慎重型

这类顾客在选购材料，食品或其他商品时，都是挑挑这个选选那个的，即拿不定主意的顾客。对于这类顾客，营业员不能急急忙忙地说："您想用点什么啊"，而应该拿出两种以上的商品来，以温和的态度对比介绍。

2. 反感型

对营业员的介绍，尽管你介绍的都是真实情况，他也认为是说谎骗人，这类顾客属于对营业员介绍商品抱不信任态度的顾客。对于这类顾客，营业员不应抱着反感，更不能带着怒气来对待顾客。

3. 挑剔型

属那种对于介绍的商品"这个也不行那个也不是"比较挑剔的顾客。营业员对待这种顾客不要加以反驳，而要耐心地去听他讲，这是最好的办法。

4. 傲慢型

经常在你跟前摆来摆去的，意思好像在说："我是顾客啊！"营业员如果稍稍表现不耐烦或者没有面对着顾客，他就要发怒地脱口说出："喂，要接待顾客。"对于这类顾客，年轻的营业员会感到不愉快。但是，为了接待好其他顾客，最好采取镇静沉着的态度。

5. 谦逊型

当你介绍商品时，他总是听你作介绍，并且说："真是这样，对，对。"对待这样的顾客，不仅要诚恳有礼貌地介绍商品的优点，而且连缺点也要介绍。例如：有的牙齿不太好的顾客购买食品，不仅要介绍某种食品味美价廉的优点，而且连"稍稍有点硬"等缺点也要一并介绍。这样就更能取得顾客的信任。

6. 心急的顾客

指名要购买某种商品。这类顾客是为了买某种商品有目的而来的，营业员应迅速地接待他们，并应尽快地把商品包装好送给顾客。

7. 观望的顾客

顾客对这个商店抱怀疑态度，不知这个商店究竟如何，他一边观看橱窗一边犹犹豫豫地走进货场。对于这类顾客，营业员不必急于打招呼，等待适当时机再说。

8. 无意购买的顾客

进店没有购买的意思，看看有什么合适的再说。这类顾客看到中意的商品后眼神就变了。这时候营业员就要主动打招呼。

9. 连带购买的顾客

顾客急于想连带购买其他商品，因此营业员应注视着顾客或跟随顾客以促其连带购买。

10. 希望和营业员商量后购买的顾客

顾客进商店后各处看，好像要找营业员打听什么似的。这时营业员要主动打招呼，并说："您来了，您想买点什么?"

11. 想自己挑选的顾客

有的顾客自己愿意专心一意地挑选商品，不愿让别人招呼自己挑选商品。对于这样的顾客，营业员注视着顾客就行了。

12. 下不了决心的顾客

有的顾客踌躇不决，下不了购买的决心。他们感到"买嘛，也可以"，但心里又想"也许以后会赶上更好一些的商品呢!"对这样的顾客，营业员应该积极地从旁建议，推荐商品。

（二）按照顾客人数划分

1. 跟来的顾客

他是跟着想买商品的顾客同来的，本人并无购买商品的愿望，但营业员如亲切地接待他，他也可能要买点什么，或者成为下次购买的顾客。"您看这个怎么样呢……"营业员可以面向跟着来的顾客这样征求意见。

2. 中年的伴侣顾客

主要是男主顾的发言对购买商品作用较大。“您的意见呢?”营业员可以较多地向男顾客征求意见。

3. 年轻的伴侣顾客

往往是女性顾客的发言作用较大。营业员应拿着商品较多地向女顾客，请其挑选商品为好。

4. 带孩子的顾客

可以俯下身子或蹲下来接待顾客。可以面向那个小顾客征求意见“你看哪个好啊……”

5. 和男顾客同来的女顾客

要特别注意创造条件多让顾客发表意见为好。

（三）接待顾客的时机

顾客进店后，如遇下列情况时，营业员应主动接待：

1. 当顾客注视某一种商品或注视某商品的标价签的时候；

2. 当顾客较长时间在手里拿着某种商品的时候；

3. 当顾客的视线离开商品，向营业员的方向看的时候；

4. 当顾客对各种商品进行比较考虑的时候；

5. 当顾客拿出剪下来的商品广告或拿出笔记本对照看着商品的时候；

6. 了解顾客的爱好；

7. 顾客是抱着想买到自己需要的商品的目的走进商店里来的。

第八章
做个受欢迎的营业员

第一节　如何提高营业员的服务水平

现代有些顾客的脾气越来越大，他们通常认为商场会见利忘义，营业员会推荐质次价高产品，在这种情况下，就营业员而言，只有不断改进工作，以满足消费者的需求。

可是实际上顾客的欲望是永无止境的，他们不断的要求物美价廉、加强售后服务等。但是就营业员方面而言，态度的改进和售后服务的范围都有限，所以在无限的要求和有限的满足之后，形成了消费者对产品的不满。但是这些不满的反应，也可以说是提高服务质量和改进营业服务的推动力。

（一）顾客不满意的原因

营业员要找出顾客不满的原因才能更好地服务，不满的原因大致可分下列几种：

1. 由于商品本身品质不好。

2. 由于营业员或服务员，对商品的知识和技术了解不够所引起的。

3. 由于营业制度的不健全而引起的，像送货送错或送迟了，在运输途中车子发生故障、或产品发生破损现象、以及地址弄错，或发票开错等现象。

4. 营业员对顾客的解释不够清楚。

5. 营业员礼貌不周，或讲话不得体。

6. 对顾客第一次产生的不满时，处理不当。

由于上述的原因，营业员要应付这些产品所带来的问题就更多也更困扰了，如果商店人手不够，对顾客只要略微反应迟钝，就将使顾客更加不满。例如：

"我找你们来修理，你们就说人手不够，到底什么时候来修啊？做生意不可以这样马马虎虎的，以为我们买了你们的东西就完啦，这是不应该的！"

"我想你大概不会逃避责任吧！会么'我在厂商那里申请的零件，到现在还没送到'，这么糊涂的处理态度，让我们很怀疑，你再不送来，我们干脆自己到厂商那里去修事好了！"

"前两天我讲的话，你有没有转告经理？什么！为什么经理还没反应，这是怎么回事？你以为我只是随便讲讲就算了！"

由此可见，顾客的不满，大致是因为营业员与部门的默契不够所致，只有商店通力配合营业员的工作才能降低客户的不满，提高整个店面的服务水平。

（二）提高服务质量

营业员如果存在一些不良的个性特征，会妨碍你工作的进行，应予以纠正，以便提高服务质量。

1. 不听

有些营业员认为他的职责就是向客户讲解，进行劝诱，因此"说"是最为重要的。但是他们错误地将"说"同"断言"等同起来，其实，尽管说很重要，听也同样重要。要密切关注对方的反应和需要，这就必须给他们说的时间，因此你要耐心地听，这样才能相互理解。

2. 过于苛刻

批评别人或散布流言并不会获得客户的信任。客户会认为你会以同样批评的方式以博取他人的信任，从而于己不利。这样他们就会对你有防备，每个人都有缺点，不要随便攻击他人。

3. 过于争论

如果同客户争论，是不能做生意的。即使是与工作无关的其他争论，诸如对政治或运动等，也会使你与客户之间构成障碍。因此，如果客户说了某些你不同意的事情，不要立即跳出来表示反对。想一想所说过的话，要反应冷静而有逻辑，你的镇静和沉着将给客户留下好印象。

4. 不会开玩笑

尽管有时候开玩笑能轻松、活跃气氛，但如果玩笑开得过分、不恰当会把事情搞砸。所以跟客户相处时开玩笑要适度，注意把握分寸。

5. 懒惰

营业员有大量的自由时间，没有人监督其日常工作，但这并不说明可以睡懒觉，如果营业员自己不严加约束，是不会成功的。

作为营业员必须改正上述毛病。李某作为某百货公司的男装部的营业员，开始认为推销不是适合自己的职业，觉得与客户打交道、介绍自己，都是些很不舒服的事。工作两周后，有一个老同学来店里买西服。李某见到老朋友很高兴，迅速为他找到了适合的衣服，成交了。朋友走后，李某不禁想，向朋友销售物品是多么舒服啊。这个念头打动了他，“为什么不把所有客户当作朋友一样看待呢?”他也这样做了。从此以后，李某逐渐成为该百货公司的成功营业员之一。

而对于那些懒惰者则可以从学习商品知识开始，例如小明是一个非常成功的销售人员，他向零售商店出售化妆品，小明成功的主要原因之一是他对竞争对手的详细了解，他常常注意电视和杂志上的广告，和那些用过对手产品的朋友和顾客交谈，在商店里试用对手的产品，他也常常询问商店化妆师们对产品的看法。

小明把所有获得的信息都详细地记录在笔记本上，当然，这个笔记本上的信息还包括对手产品的品种、样式、香型、颜色、价格、折扣、柜台展示等各种情况，由于他能将自己的产品与竞争对手的产品相比较，而且也能对顾客评价作出反应，使其销售额一直保持在较高水平上。

6. 坚持一贯作风

据说罪犯要被砍头时，通常会求刽子手下手痛快些，当刽子手在执行任务时，所代表的就是法官，所依据的就是王法。道理一样，当顾客对商品不满时，其心里想法与囚犯的是差不多的。顾客希望营业员能够安慰自己，也希望营业员对产品的销售，是维护人民健康，提高人民生活水准的，合法销售。

如果顾客不满，而营业员能够妥善处理，则顾客也会表示理解，说："这些事情真难为你了，其实我们也知道，这并不是你的责任"。

顾客对产品不满时，也能体会这不是营业员的错，所以产品的厂商，必须与营业员一致对待顾客的不满，想办法解决。

（1）顾客对商品有所不满时，营业员在处理问题上，不能站在顾客的立场和顾客想要的那样，随便私自答应解决，有时这样会与商店内部的规定不一样，无法快速解决顾客所希望的事，所以就成为公司与顾客之间两方不满的导火线。

（2）营业员没有权利做到的事情，不要轻易给客户承诺。

（3）店铺或者公司里的任何营业员，接到顾客的投诉电话时，不管是不是投诉自己，都要先跟对方道歉，听对方说明白后，应立即与主管领导联系将问题解决。

（三）营业员服务经典语录

1. 永远不要忘记你和你的公司是干什么的，这是一个满足顾客需求、向顾客提供服务的行业。

2. 难道别人过于慷慨大方还会让你惊惧吗？你会因为一个顾客过于满意而焦虑吗？当然不会。那些满意的顾客就象过眼云烟，很快就会被忘掉了，但一旦有一个顾客不满意，你的麻烦就大了。

3. 如果顾客服务的质量不好，所有人的利益都将受到损失。服务质量差会造成无法挽回的损失，服务一般化造成的结果也一样。服务优良意味着将获得更多的利润、更多的乐趣和更大的发展，可以创造更美好的未来。

4. 优质的服务机构，不管具体从事的什么行业，总会双倍的努力为顾客提供出乎意料的服务。

5. 有多少次当你在一家大型连锁店到处寻求帮助时，找到的人却告诉你他不是这个部门的。为顾客提供真正优质的服务是指你所做的一切事情，都要围绕揣摩顾客心理并满足顾客需求而展开。不是你的需求，而是顾客的。

6. 不要把顾客的请求当作一种麻烦，无论你多忙，都要先服务你的顾客，服务顾客的时候，你没有借口，因为顾客才是你真正的老板，真正为你的工作支付薪水的人。

7. 顾客服务工作不是额外附加的一项工作，是零售商业上至总裁下至普通员工的所有人员的工作内容之一，所有人都应责无旁贷地随时关注顾客服务和顾客需求。顾客服务的水平是衡量任何一家商店、零售企业营运水准的重要标志之一，它是每一家商店的总经理应极力推动的工作之一，而不是软指标，可有可无。

8. 顾客服务的方面众多，不仅包括安全整洁的环境、硬件设施的齐备与方便、商品的陈列、退换货、送货等服务，应该讲，商店所有的设计、营运的环节都应考虑顾客服务的因素，它体现在每一个细小的、日常的细节中，而不是仅仅存在于大型的服务活动或促销活动中。顾客服务是一项常年累月、每日积累、细水长流的艰巨工作，引用一位哲人的话："做一件好事容易，难得的是一辈子做好事"。这用来形容顾客服务工作是再贴切不过了。

9. 顾客服务的难中之难在于，管理者很难时时刻刻地监管到每一位员工的行为，员工有可能对这个顾客好，对另一个顾客的态度不好，他今天心情好，服务就热情，明天的服务态度可能会平淡无奇，难以一贯地、持久地、自始至终地提供高水平的顾客服务，怎么办？整个商场或企业营造一个顾客至上的文化气氛，坚持职业精神的培养，管理者身体力行做表率作用，建立一套严格的奖惩分明的顾客服务体系，以确保所有的工作流程和细节中都真正体现顾客服务的宗旨，是解决这一难题的有效措施。

第二节　营业员如何得到顾客的好感

一、营业员通过与客户语言交流获得好感

（一）鼓励他人说话

友好的表情和专心致志而又自然的态度能够鼓励客户将自己的想法说出来。"能不能再多谈一些？""我对你的观点很感兴趣"等言语也能激发他人打开话匣子。在谈话中别人停住了时，你也不要说话，提示他继续说下去。

（二）认真听客户说话

认真倾听要求你能将心比心地听懂客户说话的意思，同时充分理解对方的感情，这很重要。也可以将你所理解的情感告诉对方（如“这样听起来你现在很失望了”）。有时，当人们惊奇地发现你对他们的言语和情感理解了，就会产生相当大的信任感。

（三）避免争论

当对方在说一些你认为没道理的东西时，不要急于跟他争论，尤其是刚开始和别人说话时，更不能这样，因为这样的话给对方的感觉是：你想自以为是地教训别人，而不愿听一听别人的理由。

（四）不能以自己的想法判断别人

对别人进行是非的评论是不对的，特别是在工作的场合对顾客说三道四，容易引起客户的反感与不满。

二、营业员从外表姿态上得到顾客的好感

（一）外表得体

第一印象是非常重要的，一定要注意保持良好的第一印象，因为你不可能再有第二次机会了。客户对你的第一印象是依据外表——你的眼神、面部表情等等。你可以认为外表就是一种表面语言，正如声音所表达的一样。

服饰对于营业员的作用正如产品的包装一样，良好的感觉和品位是销售中成功着装的关键。服装应该与环境相适合。例如，一个向农民推销饮料的营业员的服饰就应该与向医生推销药品器材的营业员的服饰不同，这就叫因人而异。

一项研究表明，客户对那些穿着得体的营业员更有好感，而另一项研究表明，身着商务制服和领带的营业员所创造的业绩要比身着便装、不拘小节的营业员高大约60%。现在想一想，你

的着装看来怎样呢？或许添置衣服要花一些钱，但它就像一项高明的投资一样，迟早要为你带来丰厚的回报。

这些营业员以良好得体的外表给客户留下了深刻的印象，在其后的业绩增长中我们可以看到，客户的第一印象非常关键。

（二）习惯良好

作为营业员，你应不停地与客户进行交流，哪怕无话可说时，可以微笑一下或耸肩，皱皱眉头。惬意而自然地微笑是你的外表中不可缺少的重要组成部分。这会拉近你与客户的情感距离。

良好的举止能给顾客留下积极的印象。要知道，客户会通过观察你的外部表情和举止神态来观察你的内心思想。

最后，一定要避免做出有损你形象的举止，比如不要在工作时间内嘴里面叼着香烟、烟斗。如果客户不喜欢抽烟的话，那么你会给他留下一个极其讨厌的形象，再想挽回就很难了。

（三）声音悦耳

在向顾客问候时，他将听到你的声音。悦耳的讲话声音和全神贯注的谈话会增加别人对你好感，而嘶哑的声音和有气无力的谈话则会让人提不起精神。毕竟，声音是交流中的重要内容。

你与客户说话时声音应该温暖而友好，要牢记，声音低一些要比大嗓门更显得温和有礼，而且，改变发音并不容易，但放小音量却十分简单。你要在语气、语调、语言流畅上多下功夫。另外，语气语调不要一成不变，声音不要过于高声或过于轻柔。同时，说话时情绪饱满也是很重要的。假如你自己说话时都显得没有热情，顾客又怎能对你产生好感呢？

（四）举止文明

许多人都有一些令他人很不喜欢的坏毛病。工作中掰自己手指、不断地动眼镜，或者玩弄自己衣袋中的硬币等等这些都是不良习惯，会使客户不舒服。会让别人感觉到散漫，不认真。

作为一名营业员，一定要注意自己的举止。可以向家人、朋友、同事征询意见，如果自己确有不当举动，应及时地纠正。

（五）讲礼仪

现在，人们在交往中礼貌和礼仪似乎越来越不常见了，但是越是这样，它就越发的珍贵和有效。尽管单凭礼仪风度绝对不会给你带来销售成功，然而如果做得不够，其破坏作用则相当明显。但谈话中和行为中的礼节会使你在客户眼中形象大为提高，增加顾客对你的好感。

三、用心为客户服务

技巧是可以学习的，但为客户服务的“心”是要自己准备的。或许说话的声音不是很动听，但好的措辞和表达都可以让客户觉得舒服舒心。“声音”是企业对客户服务的第一表现，给用户这个企业服务质量的第一感觉。说话首先就要有精神。其次字正腔圆，语音亲切、表达简单明了，让用户能在最短最快和轻松的环境下了解到客服能为他做些什么。东西是说起来容易做起来难，用声音的服务不是平时的哥们说话，它需要让我们自己来训练自己，从绕口令、从标准发音、从语气语调的把握上一步步做起来。

“言为心声、语为人镜”，客户服务意味着格外出色地完成日常工作；超越客户的期望值；为每次互动增加价值和信誉；向每个客户展现你最好的状态；发现让你的服务对象感到愉快的新方法；让你惊讶于自己能够做得多好；象关心你的亲人那样关心你的客户。

首先要会聆听。聆听是最高层次的听，即真正用心倾听，意味着澄清、确认和回应；不仅听客户说的话，还能设身处地理解客户的感受，听取客户的想法和意见，协助客户分析和解决问题。其实这也和日常待人接物一样，不要打断客户说话，对客户的话和问题给以适当回应，永远不要自以为是“知道”客户需要什么；还有点不要忘记，就是要让客户感觉到自己能尽心为其做什么，而不是整天只有个 NO。

示范场景：

客：“我想今天得到那个小配件。”

营：“对不起，星期二我们就会有这些小配件了。”

客：“但是我今天就需要它。”

营：“对不起，我们的库存已经没货了。”

情景二：

客：“我今天就需要那个小配件。”

营：“我很愿意在星期二为你找一个，您觉得星期二来得及吗？”

客：“星期二太迟了，那台设备得停工几天。”

营：“真对不起，我们的库存已经没货了，但我可以打电话问一下其他的维修部，麻烦您等一下，好吗？”

客：“没问题。”

营：“真不好意思，别的地方没有了。我去申请一下，安排一个工程师跟您检查一下那台设备，看看有没有别的解决办法，您认为好吗？”

客：“也好，麻烦你了。”

这两个例子的结果其实是一样的，客户基本上还是只能在星期二才能拿到配件和正常运行设备。但是，不同的表达和不同的做法，会带来“很不满意”和“非常满意”两种打分。说白了也是种忽悠，要把人哄得舒舒服服的忽悠。这里顺道在网络上找了一些礼貌用语，其实做过客服的会发现，很多词，你都曾用过。

1. 您愿意……吗？您愿意来参加我的生日聚会吗？您愿意和我一起去动物园吗？

2. 我希望您能……我希望您能来参加下周日我的生日聚会。我希望您能和我们一起去看电影。

3. 我（我们）想邀请……我想邀请你来参加我的生日聚会。我们想邀请你和我们一起去买东西。请你……好吗？

4. 你能……吗？你能来踢足球吗？你想……吗？你想和我们一起来吗？

以上这些服务语句都是在跟别人表示很客气交谈的时候用到，营业员不只是面对客户使用，也可以将这些职业用语化作自己日常的语言，提升个人的素质。

第九章 如何成为一名优秀营业员

第一节　营业员应怎样掌握顾客的心理

一名成功的营业员除了专业的工作技能，最重要的是知道客户在想什么，营业员需要知道顾客的购买心理，了解客户想法后，就可以明白该如何把工作做好了。

世界上的消费者成千上万，各有各的特点，各有各的习惯，各有各的具体情况，他们的购买心理就可能各不一样。男性的消费心理同女性不一样；年老的同年少的购买心理不一样；讲究实惠的同讲究时髦的购买心理不一样；热衷于大众化同讲究个性的购买心理也不一样，不一而足。因此，要想使消费者买你的东西，还要仔仔细细分析“上帝”们的购买心理。

一、顾客的购买心理

（一）求美心理

消费者在选购商品时不以使用价值为宗旨，而是注意商品的品格和个性，强调商品的艺术美。其动机的核心是讲究“装饰”和“漂亮”。不仅仅关注商品的价格、性能、质量、服务等价值，而且也关注商品的包装、款式、颜色、造型等形体价值。

主要人群：城市年轻女性。

（二）求名心理

消费者在选购商品时，特别重视商品的威望和象征意义。商品要名贵，牌子要响亮，以此来显示自己地位和特殊，或炫耀自己的能力非凡，其动机的核心是“显名”和“炫耀”的同时对名牌有一种安全感和信赖感，觉得质量信得过。

精明的商人，总是善于运用消费者的崇名心理做生意。一是努力使自己的产品成为品牌。二是利用各类名人推销自己的产品。

主要人群：城市青年男女。

（三）求实心理

消费者在选购商品时不过分强调商品的美观悦目，而以朴实耐用为主，其动机的核心就是“实用”和“实惠”。

主要人群：家庭主妇和低收入者。

（四）求新心理

消费者在选购商品时尤其重视商品的款式和眼下的流行样式，追逐新潮。对于商品是否经久耐用，价格是否合理，不大考虑。这种动机的核心是“时髦”和“奇特”。

主要人群：青少年和儿童。

（五）求廉心理

消费者在选购商品时，特别计较商品的价格，喜欢物美价廉或削价处理的商品。其动机的核心是“便宜”和“低档”。

主要人群：农村消费者和低收入阶层。

（六）攀比心理

消费者在选购商品时，不是由于急需或必要，而是仅凭感情的冲动，存在着偶然性的因素，总想比别人强，要超过别人，以求得心理上的满足。其动机的核心是争赢斗胜。

主要人群：儿童和青少年。

（七）癖好心理

消费者的选购商品时，是根据自己的生活习惯和业余爱好的原则的，他们的倾向比较集中，行为比较理智，可以说是“胸有成竹”，并具有经常性和持续性的特点。他们的动机核心就是“单一”和“癖好”。

主要人群：老年人。

（八）猎奇心理

所谓猎奇心理，是对新奇事物和现象产生注意和爱好的心理倾向，或称之为好奇心。古今中外的消费者，在猎奇心理的驱使下，大多喜欢新的消费品，寻求商品新的质量、功能、花样、款式，追求新的享受、乐趣和刺激。

主要人群：儿童和青少年。

（九）从众心理

女性在购买时容易受别人的影响。如许多人正在抢购某种商品，他们极可能加入抢购者的行列。平常总是留心观察周围人的穿着打扮。喜欢打听别人所购物品的信息，而产生模仿心理与暗示心理。女性容易接受别人的劝说，别人说好的，她很可能就下定决心购买，别人若说不好，她很可能就放弃掉。市场上你所经常见到的“一窝蜂”现象，产生的根源在于购买者有一种错误的判断：认为有那么多人抢一定会是好货，或者有便宜可占。

主要人群：女性。

（十）情感心理

一般来说，女性比男性具有更强的情感性。因此，女性的购买行为容易受直观感觉和情感的影响。如清新的广告，鲜艳的包装，新颖的式样，感人的气氛等，都能引起女性的好奇，激起他们强烈的购买欲望。

（十一）儿童消费心理

由儿童的生理和心理发育所定，其显著特点有三：

1. 特别好奇，凡是新奇有趣的东西都能对其产生强烈的诱惑力。

2. 稳定性，儿童的消费纯属情感性，对一种事物产生兴趣和失去兴趣都很快。

3. 极强的模仿性，别人有的东西，自己也想得到。

因此，如果厂家把消费市场定在儿童领域，就应根据以上心理特点去设计和开发产品，要多增加花色品种，不断改进包装，在“奇”、“新”、“好玩”上下功夫，最好是把“玩”和“智力”游戏有机结合起来。

二、顾客的特殊心理

在营业员实际的销售中，能否破译顾客购买心理显得至关重要，因为顾客的购买心理直接决定着购买意愿。除了了解顾客通常的购买心理外，营业员有必要关注顾客购买时的一些特殊心理，根据营业员的了解，针对不同购物心理的客户，提供不同的服务。

（一）抢购心理

顾客发现哪家店的人多时，就不由自主走进去看看，是不是有什么好的衣服或实惠的衣服。

（二）待购心理

在服装经常打折出售的今天，当新款上市正价出售时，顾客只会试穿，不产生购买行为，顾客会问什么时候打折？顾客就会等待促销活动。营业员需要语言解释，给顾客立刻购买的信心，或者制造新款正价热销的气氛。

（三）跟风心理

对大家争相穿戴或者购买的衣服趋之若鹜，不假思索，跟随大众的想法。营业员可运用时尚、口碑、热销的促销语言趁热打铁。

（四）逆反心理

当顾客感受到营业员急切推销衣服的时候，会产生逆反心理而放弃购买。因此，营业员可多推荐几款给她选择、多征求顾客的意见、多关心顾客的需求。

（五）择优心理

顾客在购买衣服中，希望通过比较来选择最好的一款，没有选择的余地时顾客购买欲望会打折扣。营业员应多提供选择的款式和颜色。

（六）烦躁心理

顾客在购买过程中，如果试衣间脏乱、等候时间过长、付款手续麻烦、卖场拥挤、闷热、嘈杂等，就会使人产生烦躁不安的心理，可能就趁机走掉。营业员应通过软硬件服务营造舒适的购物气氛。

（七）好奇心理

人具有好奇求新求异的天性，新奇的事物容易引起客人的注意。所以新的销售技巧、新的服装陈列、新的服装款式都能够引起客人的注意。

此外，顾客对商品产生信心有三个方面的原因：相信营业员的介绍；相信商场或品牌；相信衣服本身的款式、色彩等。当然让顾客失去信心的原因有：不是她真正想要的衣服；营业员不了解货品知识；对质量、售后感到没有保证；同购买计划冲突。顾客对某款衣服失去信心时，营业员不应勉强顾客，可马上转移到顾客感兴趣的其他衣服上去，力求挽留，继续推荐。

每一位顾客在购买一样商品时候，都会有这样的一种心理顾虑：我买这种产品，能有什么用呢？

一般来说无非是想要获得，如健康、时间、金钱、安全感、赞赏、舒适、青春与美丽、成就感、自信心、成长与进步、长寿。其次，也可能是希望被人羡慕，希望在别人面前展示自己。被别人所接受，让自己不断地进步。而许多年轻人则希望拥有别人“有”的东西，别人“没有”的东西，比别人“更好”的东西。无论如何，顾客都有“想要”得到某样东西的心理意识，上面所说的顾客的心理特性是让客户掏钱购买商品的主要因素。

有了上面所说的原因，顾客便有了购物的想法，又称为商品动机，商品动机可分为感情的动机和理性的动机。

感情的动机是指顾客对某一特定产品，并不十分清楚地考虑到必须要购买这样商品的理由而花钱购买了这样的商品。例如看到电视中一位美丽的模特用了某品牌的洗发精，也去购买。感情的动机会让人冲动之下，不怎么考虑就去购买产品。因此，动人的店头广告、陈列等，常造成顾客不由自主的“冲动购买”。容易引起强烈购买欲的感情有以下几点：不甘落后；顾客自尊心；追求流行；追求快乐；追求变化；野心；爱情；恐怖心；幻想心；想与众不同。

理性的动机是指对某一特定商品的购买必须充分考虑其“实用性”。就是说顾客买这样商品之前会很认真地考虑到我买这样的商品有没有用，值不值得去购买。如果某电冰箱的电视广告常常强调其坚固、耐用、便利和经济性，能激起顾客购买的欲望。

另外，还有些顾客经常走向某商店购买东西，并且形成了该店的“固定顾客”，他们或者是因为此商店具有迷人卖场气氛和扣人心弦的陈列；或者是习惯于此商店的服务态度和交易行为；或者是为习惯于此商店的所有产品（对产品信赖感）；品质优良；形式新颖；令人满意的服务态度；购买场所交通便利；购物所需时间和经费比较节省；商店声誉良好等。以上这些都要求营业员在服务中照顾到顾客的需求并予以满足和照顾。

购物群体中女性是占绝大部分的，所以了解女性的购物心理能够帮助营业员出色地完成销售工作。在近期某报纸所进行的读者购物调查中，64%的女性认为购物时的感觉很重要。女人购物大都只是一种感觉，并不是真的想买什么，不过就是借着买东西的借口，到处捏捏看看，消磨时光，并从中获得各种各样的感觉。一个月收入只有千把元的年轻女孩可能会购买价格不菲的化妆品，如CD口红、资生堂护肤品；一位原本打算为老公买件T恤的女人却给自己买回一大堆的衣服。不知道要买什么，只是要逛街的感觉，一时冲动，她们买回了一大堆无用的商品……出于感情动机去购买的，永远是跟着感觉走，永远没有尽头。

1. 购物的愉悦感。不管女人的年龄几何，都会带着孩子般的梦想，她们喜欢那种一眼看上去就很舒服很养眼的东西，会为那一刻的动心而慷慨解囊，所以女人爱逛街，不是为了购物，只是去欣赏各种漂亮的东西。

女人最喜欢逛时装店，乐此不疲地试着一件件自己心仪的衣装，即使不买看着镜子里漂亮的自己也能愉悦。

2. 荣耀感。“上帝”的感觉恐怕只有女人体会最深。走到商品柜台，促销小姐谦恭的微笑、殷勤的接待，在那时不管平常给别人陪了多少笑脸，但那一刻都会有一种高高在上的感觉，极大地满足了膨胀的自我感觉。在掏钱买单的那一刻，不但满足了女人的物欲，甚至还可以衬托出女性的高贵气派。

3. 满足感。看到新奇的东西即使不买，也会仔细地询问一番价格以及质地，然后告诉同事、朋友获得认同得到被肯定的满足感。在追求时尚的购物中表现自己、炫耀自己、得到一种自我表现，获得被认同和自我完善需要的满足感。

4. 痛快感。有些女人确实在一定程度上是为了发泄情绪才去购物的，这是一种压力释放的方式。其实并不是真正的购物狂，但在某个特定时刻会花光口袋里的钱，“刷爆”信用卡，用无厘头疯狂购物赶走不愉快，换来一个爽朗的心情。女人购物有时完全是受一种情绪支配，常常会在心情不爽的时候通过购物使心境有所改变。

5. 拥有感。每次到一些大型超市，如沃尔玛、好又多等，看到里面各种各样的商品，然后拥有自己喜欢和需要的东西，感觉生活很安定。许多女性都有这样的拥有感，这也是各大商场、超市很多都是女性顾客的原因。

愉悦感体验：某小姐用精致东西养眼。平时没事她喜欢到楼下的倍顺超市逛一圈，出门时不管有用没用也会买一两样小东东，她说：“看着里面花花绿绿的各种商品，还有各种精巧的瓶瓶罐罐，感觉特好。”女人爱美，不但希望把自己打扮得漂漂亮亮，还特别喜爱其他美丽精致的东西，陈列有序的柜台、精美怡人的商品，漂亮的商品包装、温馨的购物环境，凡是逛街中美的东西都让女人体验到一种赏心悦目的快乐感。

满足感体验：某太太喜欢发现的乐趣。该太太是时尚派人物，为了不断地跟上流行时尚，周末假日她们喜欢闲逛在百货公司和商业街，去发现自己喜欢，别人看上去也很得体、并能够引导时尚的衣服。她们喜欢那种逛街中发现的乐趣，喜欢在购物中获得引领时尚的自信，喜欢每次在试衣镜前售货小姐的称赞和其他逛街 MM 投来的关注目光给自己的满足感。

痛快感体验：某女士疯购发泄情绪。该女士是某品牌产品的销售总监，工作压力大，用疯逛购物来发泄紧张情绪是她一种有效的心理治疗法。由于从事销售，她每天几乎都在市场上转，有时工作不顺时她就一个人上商场，看到喜欢的不管三七二十一先买下再说，平常觉得价格太高的品牌她也会光顾，有时一次就买回五六件衣服。

拥有感体验：刘小姐喜欢的就想买。任职外企的刘小姐首饰盒里各种各样的头卡、戒指已经满满两大盒，床上的公仔、小猫也有不少……可她每次逛街看到自己喜欢的东西还是禁不住买下来。每次看到商店内陈列的美丽华贵物品，她总是忍不住要将其中一两件拥为己有，这种拥有的感觉有时会让女人有一种安全感。

大头不算，算小头，婆婆妈妈变利索。不少男人纳闷，平常在菜市里讨价还价、斤斤计较的老婆花几百元买一套流行时装时却丝毫不吝啬，因为女性往往是大头不算算小头，她会为小数目的低档商品讨价还价，但对高档商品却觉得是价高质好，所以只要一点蝇头小利就能让女人撒出大把银子。

业内人士认为，促销对女性的诱惑力最大，女性对赠品、赠品的力度、折扣率的敏感度远比男性高。某百货企划负责人说，赠送一些小礼品也会吸引不少女性逛商场。

女性的购物心理异常复杂，但有一些共性的活动可以揭示。商家的营销策略虽没有定式，但终究有一些实践性的经验可以借鉴。

1. 出门左思右顾

女性出门购物之前一般比男性想得多，想得全。她们想的问题方方面面：买什么？买多少？买什么样的？都要经过一番构思定位。最后，确定目标，但五花八门，有“有形型”的，买什么东西都有形、色、量、规格、品质。有“无形型”的，买什么东西都无定型，只是心底里的幻想，理想中的目标。还有“朦胧型”的，在她的心目中，购物形状如暮色烟雾，模糊不清。对“无形型”和“朦胧型”，营业员可以主动推荐、介绍商品。

2. 征求意见

购物目标确定后，大多数女性很“民主”，都要征求亲朋好友的意见。在征求意见的过程中，如果出现“一票否定”意见，她会反复掂量，最后很有可能重新确立“购物目标”。她们这种喜爱“民主”的心理，往往要带到商场来。这时，营业员要设法变“民主”为“集中”，帮助重新树立起有形的购物目标。

3. 预算财力

想要买的东西需要多少钱，在出门之前大多心里是有谱的。但预算总是多超出一些，宁多毋少。在实际购买中如出现“资金不足”时，女性会用“看不上”、“看看别处再说”加以掩饰。此时，营业员千万不能用“有钱没钱”的话题刺激对方，而应该用“没关系，您到别处看看，不合适再回来，我给您留着”的话告慰人家，给顾客留下再来的余地。

第二节 营业员走向成功的因素

一、成为成功营业员的几个重要原则

无论什么公司、商店或者其他的部门，营业员都处于直接面对顾客的第一线，一个优秀的营业员最根本作用是能给公司创造利润，营业员若要使商店的生意兴隆，有没有秘诀呢？有的，归纳起来，总共有下面八个原则。它们看起来像极为平凡，但若坚持应用，必定会让营业员越来越优秀。

（一）力求创新

经验证明，只有努力创新的营业员，才会有前途。墨守成规

或一味模仿他人，到最后一定会失败。任何商店，都必须表现出自己的特色，才能创造出附加价值，也才能不断增加顾客。

有时营业员在业绩中遭遇到困难和挫折，这就要靠自己去突破了，不可自己为商店的滞销找借口，也不可借机削价出售。你一定要拿出魄力和决断力，在创新方面去寻求自己。

(二) 追求成长

营业员如果不追求成长，或不向更高的目标挑战的话，就无法品味作为营业员的喜悦和充实感了。

营业员如果只想混口饭吃，抱着成不成都无所谓的心理，自然就会很散漫了。一个商店的业务成长，通常都是以营业来衡量。要想扩大营业额，就必须加强营业员有关的一切活动，例如，销售、采购、门市、部属、资金等。而这些强化的工作必须建立在一个完善的总体经理营念上，并将它灌输给每一个营业人员。

(三) 确保合理的利润

作为营业员，要为商店获得合理的利润。你不能以贱卖的方式，去吸引顾客。你必须以更好的服务，才能获得正常的利润。只有从正常的利润中，取出部分再投资到事业中去，才能长期性地对顾客提供更佳的服务，以及更佳的商品。

(四) 以顾客为出发点

优秀的营业员都会以顾客的眼光为出发点，让他买到他所需要的东西。有时候，作为营业员的价值与顾客的价值观念，不见得相同，何况顾客还分男女老幼。因此，我们应该设法去了解顾客的需要，然后去满足他。作为营业员必须把自己当做是替顾客采购商品，这样才能设法去了解顾客的需要。因此，了解顾客是成功的第一步。

(五) 倾听顾客的意见

前面提到，营业员必须了解顾客的需要。如何做到这点呢？

最好的办法当然是倾听了。作为管理者经营事业，要顺应自然，集思广益，然后才去做该做的事，必然无往不利。作为营业员如果只顾推销商品，而听不进顾客的意见，就不会受到大众欢迎。因此，优秀的营业员常能在日常生意上，以谦虚的态度，去倾听顾客的看法，而且只要持之以恒，生意必定会日益兴隆。

（六）掌握良机

生意的成功，系于是否能够掌握良机。营业员的成功还要把握适当的时机，例如适当时机调查顾客预定购买的物品，把握顾客良好的购买时机，这样销售上，就方便多了。

举电器商店为例，营业员不论是去顾客家送货或修理，事情办妥后，不要扭头就走，最好再顺便看看他家的电器用品是否有小毛病，同时做一点简单的服务，这样必然会培养顾客对你的信赖感。又如，到客户家安装冷气时，在安装过程中，一定要表现出亲切，仔细的态度。同时，问问客户，是否有认识的朋友也要在近期内安装冷气，表示出你的积极与主动，赢得客户为你介绍其他客源的机会。

（七）发挥特色

应该看到做一个好的营业员不容易，卖同样东西的商店到处都是，要使顾客上门，营业员要花心思将自家商店变得跟别的地方不一样。

商店的特色，好比每个人的特点，商店没有特色，就变得不值得品味。陈列的商品虽然相同，但若营业员的服务不同，则会使商品显得不同，这是因为营业员发挥了商店特性的关系。营业员在塑造自己商店特色时，当然要配合顾客的需要，对于如何发挥，则要个别考虑。除了要注意地域性和开店条件，还要考虑该地区的收入水平、文化水平等等。如果在职工集中地区，最好在星期天或假日也照常营业。必要时，还可开店到深夜。但有时候，难免受到空间、人事、技能、资金等现实因素的限制。因此，应该先从能做的事项着手，一步步去发挥特色。例如，把重点放在自己比较熟悉、较有竞争性的商品，由较内行的营业员可以亲自介绍给上门的顾客，也是一种很好的办法。

其实，商店特色并不限于商品，其他如良好的服务、华丽的店面、诚恳的营业员等，营业员只要发挥其中一两项特点，就足以吸引顾客上门了。

（八）提高效率

好的营业员有一种本领，他们可以把顾客的心理逐磨透并提高营业效率。例如有这样一类顾客在购买商品之时，左思右想，举棋不定，无法决定购物行动。对待这一类顾客，营业员应该以一种诱导的心理促使他下决定。这一种方法首先对顾客要有耐心，充满热情，专心致志地倾听他们对你讲的话。对于他们所说的，千万不可妄加评论。譬如他们说："我想我还是再考虑，考虑"就意味着不想买，这只不过是一种推脱之辞。你追问一句，他们往往会说："如果不好好考虑……"还是婉转的拒绝。像他们说出这样的话毫无意义可言。怎样才能把他那种模棱两可的说法变成肯定的决定，这就是营业员应该来完成的事。

当顾客对你说："如果不好好考虑……"营业员应表现出一种极其诚恳的态度对他说："你往下说吧，不知是哪方面原因？是有关我们公司方面的吗？"若是顾客说："不是，不是"，那么你马上接下去说："那么，是由于商品质量不高的原因？"顾客又说："也不是"。这时你再追问："是不是因为付款问题使您感到不满意？"追问到最后，顾客大都会说出自己"考虑"的真正原因："说实在话，我考虑的就是你们的付款方法问题"。不断地追问，一直到他说出真正的原因所在。在这期间，营业员不可间断给对方说话的机会。追问也必须讲究一些技巧而不可顺口答话。直到他考虑清楚并付款。譬如，你接着他话说："你说得也有道理，做事总得多考虑一些。"这样一来，生意成功的希望则为泡影。

二、一个优秀的营业员应具备的基本素质

一个优秀的营业员除了能给公司来利润、创造价值外，个人还应具备三个素质：

（一）保持良好的形象

营业员首先要注重自己给顾客留下第一印象。当客人对你有非常好的印象时，就会对你产生信赖感，甚至对你有很强的依赖心。

面带笑容，亲切热诚地接待客人，让客人有宾至如归的感觉。营业员在开始一天的工作前，应将情绪调整到最佳状态，准备为每一位顾客提供最好的服务。

因此，一位优秀的营业员在接待顾客之前，一定要从上到下检查一遍自己的外观，头发是否梳理整齐？化装是否适宜？服装是否整齐干净？肩膀上是否有头皮屑？是否按照规定着装了？鞋子、袜子有无污损？这些都代表着单位和自己的形象，而良好的外观，不仅让别人感觉愉快，也会使自己充满自信。

（二）注意自己工作场所的环境

营业员有责任保持营业场所的清洁，要随时注意整理陈列的商品，物品的正面应朝向顾客；并应随时了解货源供应的情况，提供顾客完善的选择。

在国民生活水准提高，商品走向精致化的同时，营业场所不应只是堆积商品的地方，同时也应是观赏景物的地方。布置优雅的商场，不仅能突出商品的优点，还能将其烘托得更出色，所以，能吸引顾客，增加营业额。

（三）不断丰富商品的专业知识

营业员应对自己所经营的商品具备相关的专业知识。对于商品成分、价格或使用方式等若有不清楚的地方，应该事先请教公司负责人或专业人员，以期能为顾客详细说明、介绍。这将代表个人有专业形象，能使客人对我们产生信心，并对商品有认同感觉。

三、优秀的营业员要懂得商务礼仪

礼仪是衡量一个人是否受到良好教育的标准，它绝对不是只能做表面工作就可交差的，而必须是发自内心的，出于自然的。进入市场经济以来，各行各业竞争压力都很大，面对竞争，营业员必须要有令人满意周道的待客之道，才能吸引顾客，所以接待顾客的礼仪是营业员的一门必修课。

一个优秀的营业员能当客人一踏入门，就要将他视为最难得、最重要的人物，从他进门的第一步起，就要设法使他变成公司的常客。所以工作中的商务礼仪十分重要。

（一）营业员的迎宾礼仪

接待礼仪最重要的是态度亲切，以诚待人。只要看到客人来，眼睛一定要放亮，并注意眼、耳、口并用的礼貌，面带微笑，使进来的客人感觉亲切且受到欢迎。当客人进来时，营业员要立刻迎接，表示尊重，要亲切的说："欢迎光临"。此外，最重要的是用心，千万不能心口不一，比如贵客来临仍坐在位子上，或坐着向客人说："欢迎光临"等，都是没有诚意的行为。

在商场上"顾客至上"是不变的法则，所以交换名片、传递商品给客人时应以双手接递以示尊重。如果无法以双手奉物，也要尽量以右手呈送表示礼貌，因为很多国家视左手为不洁的象征。

作为引导人员应走在宾客的左或右前方为其指引，因为有些宾客尚不熟悉商业环境，切不可在宾客后方以声音指示方向及路线，走路速度也不要太慢让客人无所适从，必须配合客人的脚步，将宾客引导至正确位置。

事实是，不论客户是何种身份，都应视其为贵宾而诚挚款待，不要厚此薄彼，以怀疑的眼光看人或用外观穿着来打量别人，并作为是否隆重接待的依据。让每个上门的顾客感觉到受重视及舒适，是接待的最高艺术。

（二）营业员的接待礼仪

营业员要想有效率且专业化地接待您的客户，在服务态度上应注意：

1. 说话口齿清晰、音量适中，最好用标准普通话，但若客人讲方言，在可能的范围内应配合客人的方便，以增进相互沟通的效果。

2. 要有先来后到的次序观念。先来的客人应先给予服务，对晚到的客人应亲切有礼地请他稍候片刻，不能置之不理，或本末倒置地先招呼后来的客人，而怠慢先来的人。

3. 在营业场所十分忙碌，人手又不够的情况下，记住当接待等候多时的顾客时，应先向对方道歉，表示接待不周恳请谅解，不宜气急败坏地敷衍了事。

4. 亲切地接待客人到店内参观，并让他随意自由地选择，最好不要刻意地左右顾客的意向，或在一旁唠叨不停，应有礼貌的告诉顾客："若有需要服务的地方，请叫我一声。"

5. 如有必要应主动对顾客提供帮助，若客人带着大包小包的东西时，可告诉他寄物处或可以暂时放置的地方，下雨天可帮助客人收伞并代为保管。

6. 顾客有疑问时，应以专业、愉悦的态度为客人解答。不宜有不耐烦的表情或者一问三不知。细心的营业员可适时观察出客人的心态及需要，提供好意见，且能对商品作简短而清楚的介绍，和以有效率的方式说明商品特征、内容、成份及用途，以帮助顾客选择。

7. 不要忽略陪在客人身旁的友人，应一视同仁一起招呼，或许也能引起他们的购买欲望。

8. 与顾客对谈的用语宜用询问、商量的口吻，不应用强迫或威胁的口气要顾客非买不可，那会让人感觉不悦。当顾客试用或试穿完后，宜先询问客人满意的程度，而非只一味称赞商品的优越性。

9. 营业员在商品成交后也应注意服务品质，不宜过于现实，以为拿了钱就了事，而要将商品包装好，双手奉给顾客，并且欢迎下次再度光临。

10. 即使客人不买任何东西，也要保持一贯亲切、热诚的态度谢谢他来参观，才能留给对方良好的印象。也许下次客人有需要时，就会想到你并再度光临，这就是“生意做一辈子”的道理！

11. 有时一些顾客可能由于不如意而发怒，这时营业员要立即向顾客解释并道歉，并将注意力集中在顾客身上。这样就能清除思想中的杂念，集中思想在顾客的需求上，当他们看到你已把全部注意力集中于他们的问题上，他们也就冷静下来了，当然，最好的方法是要克制自己的情绪，不要让顾客的逆耳言论影响你的态度和判断。

12. 要擅长主动倾听意见。虚心地听取抱怨，知道真正需要什么，没有打断他的发言，就发泄了他的怒气，这样被抑制的感情也就缓解了，使一位难对付的顾客不再苛求，有时营业员利用反馈，多用“嗯！嗯!”或“请讲下去”这些语句，它可使顾客知道你正在认真听取他的意见。

13. 当顾客提出意见时要用他们自己的语言再重复一遍你听到的要求，这再一次让顾客觉得他的问题已被注意，而且使他感到你会帮助他解决困境。

四、优秀营业员应该具备的心理素质

（一）肯定自己

销售活动最重要的组成要素是销售员或营业员。销售员要接受自己、肯定自己、喜欢自己。如果你连自己都嫌弃自己，却指望顾客会喜欢你，那实在太难为顾客了。香港销售大王说得好：“营业员成功的秘密武器是，以最大的爱心去喜欢自己。”

（二）坚持不懈

被顾客拒绝一次，10 个营业员有 5 个会从此打住；被拒绝第二次，5 个人中又少掉 2 个；再被拒绝第三次，就只剩下一个人会做第四次努力了，这时他已经没有了竞争对手。

成功的营业员是屡败屡战的，他们不相信失败，只认为成功是一个阶段，失败只是到达成功过程中出现的不正确方式。短暂的失败，他们学会了更改的方法，促使自己进步。不断的进步，不断的改善，一次又一次的再从头开始，便有了最后的美好结果。一位生意场上的高手说的好：“一份心血一份财，心血不到财不来。”

（三）做正确的事

营业员销售商品或服务只是做对的事情而已，但做得正不正确就是另外一说了。女人买化妆品，决不是想买这些化学成份，她想买的是年轻和美丽；申请信用卡，当然不是为了这张塑料卡，而是想要方便和自豪。一名优秀营业员要用心了解客户想要得到商品背后的原因。

（四）优点学习法

每个人的优点都不尽相同，通常，人们只顾欣赏自己的优点，却忽略了别人的长处。想要成为强者，最快的方式就是向强者学习；同样，想要成为超级销售员，学习别人的优点也是最快的方法。美国一位超级营业员曾这样回答求教者："很多人惊奇，为什么在30年前就已取得销售成功的我，现在仍然遍寻有关销售的新刊书籍。而我却认为销售工作如同其他部门的专家，除非选读有关专业的最新文献，否则是无法维持我的最佳业绩的。"

（五）正面思考

失意、沮丧、迟疑、挫折、没信心、没希望了、不可能的、失败、退步、等机会、没用……请将这些负面的情绪整理打包，丢进垃圾桶里。切记没有人能打败你，除非你自己！台湾武打小说大师古龙在一部小说中说得好："一件事往往有许多面，你若总是往坏处那面去想，那你就是自己虐待自己。所以，你就算遇着打击也该看开些，想法子捕捉光明的一面。"

（六）让工作成为一种快乐的习惯

1. 自我解决问题提升快乐价值

营业员在工作中把自己发现的问题与上级提出的问题进行对比分析，并在共享信息平台进行充分的沟通交流，及时地从中找出正确的应对策略，探索出正确的工作方法。最后，营业员的意见被上级领导采纳，运用到工作中，看到自己想出来的方法创造出好的成果，更让营业员感到了自我价值的实现与提升。

2. 通过自我反思让工作变快乐

通过定期的自我思考，以正确的认知为引导，改正营业员原有的错误认知，促使销售人员的态度转变，积极地做正确的事，正确地做事，使工作变得更顺畅、轻松。事实上，认知是行动的指南与动力，做自己认为正确的事，才会感受到快乐。

3. 业务培训为快乐工作充电

许多观点认为，营业员的职业生命周期较短。相比之下，培训则是延长职业生命周期和提高团队战斗力的最佳手段。我们发现，加强营业人员各项知识和基本技能的培训，可以使销售人员轻松、快乐地完成各项工作。

4. 控制细节把握大局是关键

在“快乐销售”的过程中，要注重对工作流程和过程的研究和控制，其关键是一个“细”字。“天下难事必做于易，天下大事必做于细”，要结合实际情况，细分客户、细分人员、细化办法。把总的任务细分到每一天。把大任务分解成小任务，也就化解了任务的压力。把困难的事情细分成简单的事情，从而降低工作的难度。当我们做好了每一个细小的事情，就在不知不觉中办成了大事，过程做得好，结果一定好，做好了事情自然就会从工作中感受到快乐。

5. 与你的同事、上司愉快相处

在我们的工作环境里，建立良好的人际关系，得到大家的尊重，无疑对自己的生存和发展有着极大的帮助，而且有一个愉快的工作氛围，可以使我们忘记工作的单调和疲倦，也使我们对生活能有一个美好的心态。遗憾的是，我们常常听到不少人对怎样处理好办公室里的人际关系感到棘手，抱怨甚多。其实，只要我们为人正直，用心并努力，做个受人喜爱的同事并不是很难的事。我们可以从以下几个方面入手，让我们快乐地工作。

（1）如果你有意见最好直接向上司陈述。在工作过程中，因每个人考虑问题的角度和处理的方式难免有差异，对上司所做出的一些决定有看法，在心里有意见，甚至变为满腹的牢骚。在这些情况下，切不可到处宣泄，否则经过几个人的传话，即使你说的是事实也会变调变味，待上司听到了，便成了让他生气和难堪的话了，难免会对你产生不好的看法。如果你经常这样，那么你就是再努力工作，做出了不错的成绩，也很难得到上司的赏识。况且，你完全暴露了自己的弱点，很容易被那些居心不良的人所利用。这些因素都会对你的发展产生极为不利的影响。所以最好的方法就是在恰当的时候直接找上司，向其表示你自己的意见，当然最好要根据上司的性格和脾气用其能接受的语言表述，这样效果会更好些。作为上司，他感受到你的尊重和信任，对你也会多些信任，这比你处处发牢骚，风言风语好多了。

（2）乐于从老同事那里吸取经验。那些比你先来的同事，相对来说会比你积累了更多的经验，有机会时我们不妨聆听他们的见解，从他们的成败得失里寻找可以借鉴的地方，这样不仅可以帮助我们自己少走弯路，更会让他们感到我们对他们的尊重。尤其是那些资历比你长，但其他方面比你弱一些的同事，会有更多的感动，而那些能力强的同事，则会认为你善于进取，便会乐于关照并提携你。我们也常常会看到这样的反例，有些人能力强，可在单位里，自视甚高，不买那些老同事的账，弄得老同事很反感，而这些老同事毕竟根基深厚，方方面面都会考虑他们的意见，结果关键时候你会因此受挫，这点应该引起营业员的高度重视。

（3）对新同事提供善意的帮助。新到的同事对手头的工作还不熟悉，当然很想得到大家的指点，但是心有怯意，不好意思向人请教，这时，我们最好主动去关心帮助他们。在他们最需要得到帮助之时，伸出援助之手，往往会让他们铭记终生，打心眼里深深地感激你，并且会在今后的工作中更主动地配合和帮助你。切不可自以为是，把新同事不放在眼里，在工作中不尊重他们的意见，甚至对新同事叱责，这些态度都会伤害对方，从而让他人对你产生厌恶感，使自己陷入了“关系紧张”的危机中。

第三节 有梦想才会有作为

你有梦想吗？假如你的回答是“没有”，那么你的成功机会不会太多。

你有梦想吗？假如你的回答是“有”，那么你已经拥有了一半的成功机会。

有这样一个故事：一天，一条毛毛虫朝着太阳升起的方向缓慢地爬行着。它在路上遇到了一只到处闲逛的蝗虫，蝗虫问它：“你要到哪里去？”

毛毛虫一边爬一边回答：“我昨晚做了一个梦，梦见我在大山顶上看到了整个山谷，风景好美哦！我喜欢梦中看到的情景。我决定将它变成现实。”

蝗虫很惊讶地说：“你有病吧？还是脑子进水了？你怎么可能到达大山顶？你只是一条小毛毛虫呀！对你来说，一块小小的石头就是高山，一滴水就是大海，一根小小的树干就是无法逾越的障碍。”

但毛毛虫已经爬远了，根本没有理会蝗虫的话。

毛毛虫不停地挪动着小小的躯体。突然，它听到了螳螂的声音，“哎，老兄，你要去哪儿呀？”

毛毛虫已经很累了，它开始出汗，气喘吁吁地对螳螂说：“我做了一个梦，我梦见自己爬上了山顶，在那里看到了整个美丽的世界，我想爬到山顶去看看，将我的梦实现。”

螳螂不禁冷笑着说：“哼！你的想法太狂妄、太不自量力了！连拥有健壮腿脚的我，都没有这种想法！”

毛毛虫没理会螳螂的嘲笑，继续前进。

后来，蜘蛛、鼹鼠、青蛙和花朵都以同样的口吻劝毛毛虫放弃这个想法。但毛毛虫始终坚持着向前爬行。

终于，毛毛虫筋疲力尽，累得快要支持不住了。于是，它决定停下来休息，并用自己仅有的一点力气建成一个休息的小窝蛹。

最后，毛毛虫“死”了。

山谷里，所有的动物知道这个消息后都跑来瞻仰毛毛虫的遗体，再也没有谁嘲笑毛毛虫不自量力，那个蛹仿佛也变成了梦想者的纪念碑。

很久后的一天，动物们再次聚集在这里。突然，大家惊奇地看到，毛毛虫贝壳状的蛹开始绽裂，一只美丽的蝴蝶出现在他们面前。

随着轻风吹拂，美丽的蝴蝶彷佛带着毛毛虫的灵魂，翩翩飞到了它梦寐以求的大山顶上，毛毛虫终于实现了自己的梦想……

这个美丽的故事，告诉我们这样的一个人生哲理：人活在世界上，不能没有梦想，为了自己的梦想，要付出艰辛的努力。

当你拥有梦想的时候，不必忌讳别人的眼光和说法，坚持自己的梦想并为之不懈地努力，那么你的梦想必定会实现。不必和别人比高低，更不必瞧不起自己，你是一个完整的生命，你就应该拥有自己生命的辉煌。但是那辉煌不是别人给予的，而是自己创造的。

有梦想才能有作为，有行动才能有成功。

文学大师林语堂，他把梦想和行动看作是实现人生价值的阶梯，他曾说过：“梦想无论怎样模糊，总潜伏在我们心底，使我们的心境永远得不到宁静，直到这些梦想成为事实为止。”但要想使“这些梦想成为事实”，行动才是惟一的手段和保证。

所以，无论你是城市的孩子，还是农村的孩子；是家境富有的孩子，还是家境贫困的孩子；无论是身体健康，还是身有残障，只要你拥有梦想和行动，你就一定能像毛毛虫那样，最终登上自己心中的“顶峰”，看到“美丽的风景”，成为一名优秀的营业员。

第十章
附　　则

附则一　《超市员工守则》

总则：为提高团队作战能力，增强内外部的信息沟通，提高工作效率，强化办事处的内部管理，根据地区的实际情况，特制定本制度。自本制度实施之日起，所有员工必须遵照执行。

一、考勤制度

（一）工作时间

星期一至星期日：每天上午 6:30—12:00；下午 13:30—21:30。

（二）迟到、早退

1. 凡未能按规定时间参加办事处活动或提前离去且又未请假视为迟到、早退。

2. 迟到、早退半小时以上（不足半小时以半小时计）扣款 10 元；迟到、早退 1 小时以上（半小时以上不足 1 小时以 1 小时计）扣款 20 元。

3. 一个月累计迟到或早退 3 次（含 3 次）以上者，另扣除当月奖金 10%。

（三）调休

1. 调休2天以下（含2天）需提前2天申请，经办事处主任同意后进行调休。每月可以调休4天，以月为单位计算，不累计。

2. 调休2天以上，需提前7天申请，经办事处主任同意后进行调休。

（四）请假制度

1. 请病假或事假均需填写请假单，病假则需附上国家正式医疗机构出具的病假单或诊断证明。

2. 每月病假累计超过3天（不含3天）则扣除当月奖金的10%；超过7天（不含7天）则扣除当月奖金的20%；超过15天扣除当月奖金的50%。

3. 病假期间交通补助不予发放。

4. 每月请事假不得累计超过3日，否则扣除当月奖金的50%；事假3日以内，扣除当月奖金10%。

5. 请事假需提前2天申请（特殊情况除外），事假期间交通补助、伙食补助不予发放。

6. 事假超过半小时则开始累计，半小时钟以上1小时以下按1个小时计算。

（五）旷工

1. 未经请假擅自离开工作岗位或没有履行工作职责或不能以正常联系方式进行联系，又未主动联系公司都将视为旷工。

2. 旷工1天扣发3天基本工资，3天交通、伙食补助以及当月奖金的20%。

3. 一个月累计旷工3天扣发9天基本工资，9天交通、伙食补助以及当月奖金的100%。

4. 连续3天旷工则视为自动离职，公司不给予任何补偿。

5. 以上所有关于奖金的扣罚都是在“奖金分配”方案计算出应得奖金的基础上另行扣罚。

（六）离职

离职分为正常离职与自动离职。正常离职分为主动请辞与公司请辞。

1. 公司请辞：在工作期间员工表现不符合公司要求，或自身行为严重违背公司制度者，经办事处主任报公司领导批准予以辞退，公司提出辞退须提前15日通知本人。工资、奖金、补贴计算到离职日，离职3天内一次性发放。

2. 主动请辞：试用导批准后，到期办理离职手续和工作交接。员工的工资、补贴、奖金等其他收入计算到离职当日，期满后，员工主动离职需提前15日通知公司，经办事处主任及公司领离职3日内一次性发放。如员工提出辞职到实际离职不足15天，但在7天以上，扣7天工资、补贴、当月奖金；如员工提出离职到实际离职不足7天则扣发半个月的工资、奖金、补贴。

3. 正常离职员工在办理离职手续前须同公司交接各项工作，经公司调查如有货、款未理清则不予发放工资，并追究其相应责任。

4. 自动离职者公司不做任何补偿，如有损害公司利益行为将被追究相关直至法律责任。

5. 如员工在工作期间做出严重违背公司利益，给公司造成重大直接、间接损失者，将被予以辞退，不作任何补偿，并追究其相关直至法律责任。

以上考勤制度中涉及的罚款和奖金、补贴等福利的扣罚均由办事处将相关记录报至公司，由公司具体执行。如将来公司在考勤制度方面有新的规则推出，则按照公司标准执行。

二、行政制度

（一）办公室管理

1. 工作时间内不得在办公室内喧哗、抽烟、喝酒或做其他与工作无关的私事。

2. 各人的工作台面要保持整洁。

3. 不能随地吐痰、乱扔杂物，果皮、纸屑、饭盒等应放进垃圾袋中。

4. 办公电话是为方便员工联系工作之用，原则上不得打私人电话，如确有需要每次通话不得超过 3 分钟。

5. 办公室清洁工作由常驻办公室人员轮流负责，每月由文员制出值日表，各人按表进行清洁工作。

违反以上规定者一次罚款 10 元，办事处将该记录每月 5 日前报公司，由当月工资中扣除。

（二）办公用品管理

1. 办公室文员制定每月办公用品的计划与预算，报公司批准后统一购买。

2. 所有人员领用办公用品时必须签名，文员应建立明细账，做好登记工作。

3. 任何人不得擅自修改办公电脑的密码，不得随意对公司文件、资料加密码、解密，同时严禁工作时间打游戏或看影碟。

（三）档案管理

1. 凡具有参考价值的文件材料均需归档，主要包括：公司规划、年度计划、统计资料、财务审计、经营情况、人事档案、会议记录、决议、决定、委任书、协议、合同、项目方案、通知、往来传真、申请等。

2. 档案管理由专人负责、明确责任、保证原始资料及单据的齐全完整，密级档案必须保证安全。

3. 业务人员及促销人员借阅非密级档案可通过办公室文员直接取阅，借阅档案必须爱护，严禁改动。密经档案需经办事处主任同意后方可取阅。

4. 任何个人非经允许无权随意销毁公司档案材料。

（四）信息管理

1. 所有公司下达的文件、通知及办事处反馈上报公司的文件以及与经销商、零售商的往来文件均由办公室文员统一收发。

2. 办公室文员在收到文件或通知后，必须于第一时间交给办事处主任，办事处主任阅后，要将与业务相关的信息及时传达给其他工作人员或所有人员传阅，传阅后各自签名交由文员归档。

3. 办事处上报、反馈公司的文件均需办事处主任阅后签名方可上报。

4. 所有往来文件、传真邮件均要由办公室文员负责登记。

5. 办事处文员需将业务人员的工作总结、计划、办事处会议记录等内部文件安排大家互相传阅并阅后签名。

（五）打印管理

1. 办事处的打印工作由文员负责。

2. 所有打印资料经负责人同意统一由文员打印。

（六）仓库管理

1. 库房的物料必须按分类建立账册。

2. 所有物料入库、出库时都应当天做好记录工作。

3. 任何人领取物料前应征得办事处主任同意，领取后都要进行登记。

4. 物料的收发、保管由专人负责，负责人应保证做到账、物相符。

5. 任何人不得将公司物资私自占有，要保证公司物资的有效利用。

三、岗位分工

（一）业务员

在已划定的业务区域内开展市场拓展及销售促进工作。

1. 深入了解区域市场零售终端的经营状况。

2. 定期拜访零售终端，了解其经营中遇到的问题或障碍，并尽可能提供解决方案。

3. 在每一个细分的区域市场里，至少要确定1—2家重点零售商（核心售点）大力扶持。

4. 对区域内所有零售商都要拜访、跟进到位。

5. 业务人员在自身区域中要不懈地开展形象工程，在人流量大的场所尽可能多做门头、灯箱或户外广告。

6. 监督、指导区域内促销小姐的工作，并对促销小姐的工作做出月评估。

7. 协助零售终端做好本公司手机的销售工作，提高终端销售能力。

8. 遵守业务规范及公司其他规章制度，努力完成公司下达销售指标。

9. 保持与公司其他人员的沟通与协作，并尽力完成公司下达的临时工作。

（二）促销员

在已划分好的零售终端或指定区域开展销售工作。

1. 保持良好的仪态以积极的工作态度进行产品推介工作。

2. 收集、反馈零售商经营状况、市场信息。

3. 保管及摆放好公司发放到零售商的宣传物料。

4. 协调好与零售终端及其他营业员之间的关系，树立本公司美好形象，争取获得零售商的最大支持。

5. 服从公司的工作安排及努力完成公司下达的临时工作。

6. 遵守“促销员管理细则”。

（三）促销主管

1. 对促销员日常工作的统筹安排和管理。

2. 对促销员销售业绩的考核、评估。

3. 制定详细的培训计划，定期对促销人员进行培训、考试。不断提高促销人员的综合素质及销售技能。

4. 针对零售商不同的资源状况，制定合理的保底销量、任务量及目标量。

5. 完成公司的宣传计划，如广告投放、软文发布等。

6. 连锁店及直控店的跟进工作。

（四）文员

1. 档案管理；物料的管理及发放；文件的打印；销售数据的统计。

2. 协助业务人员完成各项工作申请及负责信息传递工作。

3. 办公制度的执行监督。

4. 负责办事处所有往来传真的收发及各种报表的制作。

（五）主任助理

1. 协助办事处主任完成公司下达的销售指标。

2. 区域市场的销售工作及全面监督、指导业务人员的销售推广工作。

3. 销售数据、市场信息的收集汇总。

4. 优化扩充网络规模，提高终端销售能力。

（六）办事处主任

1. 完成公司下达的销售指标。

2. 不断完善办事处内部管理，提高工作效率及员工之间的凝聚力。

3. 经销商的跟进工作。

4. 协助业务人员开发、优化销售网络，解决工作中存在的实际问题。

5. 与公司和经销商保持密切的联系，随时将公司及经销商政策上的调整，价格上的变动等市场信息，经营状况反馈回办事处内部，保证内部沟通渠道的通畅。

6. 协调、监督其他岗位人员的工作情况。

四、业务规范

1. 每日早 7:00—7:30 准时召开早会，全体业务人员及文员必须参加（需开展业务或特殊情况除外），业务人员在会上进行工作汇报，主要内容：

（1）前一天实际工作效果，是否完成计划？未完成原因？改进计划。

（2）当天工作计划、目的。

（3）市场动态信息的反馈、交流。

2. 每周一早 9:00 准时召开周会，全体业务人员及文员必须参加，所有人员在会上汇报一周工作情况，汇报内容：

（1）一周主要工作进展情况，零售商销售情况。

（2）本周工作中存在问题或障碍。

（3）下周工作安排、工作重点。

（4）交流、讨论工作阻碍的解决方案。

3. 业务人员对各自区域的宣传推广活动应提前做出计划。

（1）每月 20 日之前上交下月的宣传、推广计划。

（2）计划的内容包括：

①活动时间、地点安排（附活动地点及周围的平面图）；活动目的、宣传主题、活动形式及内容的设计。

②经费预算及申请、宣传物料、人员的申请。

③交通、运输的安排，和政府相关部门关系协调。

④预期效果。

⑤针对不可控因素的应变方案。

（3）业务员是宣传推广活动的主要执行者，在活动前负责物料、人员等其他事项的筹备；活动中负责组织、协调工作，确保所有人员分工合理，行为有效；活动后负责总结工作。

4. 每月25日之前业务人员要上交一份月工作总结。总结内容应包括：

（1）每月区域销售情况统计、分析。

（2）本月终端建设所做的具体工作、取得的收效。

（3）各自区域内促销活动的详细总结。

（4）本月工作中存在的阻碍及发现的问题和建议解决方案。

（5）区域内促销员的工作表现评述。

（6）下月工作重点及具体工作安排。

5. 每月25日之前要对自己区域内所有重点零售商进行经营分析并上交“零售商销售分析月报表”。

6. 所有员工在开展工作时必须积极维护公司及零售商、经销商的正当利益。

7. 所有业务人员只能在划定的区域内开展工作，原则上不得跨区工作。如因销售网络或其他特殊原因要在他人区域内联系业务时，必须事先与该区域业务人员沟通，解释说明原因，以保持行为、口径的一致。

8. 不得随意泄露公司、经销商、零售商的经营机密。

9. 为维护公司形象，业务人员不得随意接受零售商的宴请、馈赠，更不能主动向零售商索要财、物。

10. 促销员的规范参见“促销员管理细则”。

五、奖金分配

1. 对有特殊贡献的员工予以特别奖励（50元—500元）。例如：在名区域的主要街区做免费门头（$6m^2$以上）或开展业务时以较少的投入赢得极大的回报，或以自身行为在社会公众中为本公司树立了良好的形象等。

2. 各区域的任务指标每月5日前下达，结算期为上月26日至本月25日。

六、灯箱片、门头申请流程

为避免业务人员在申请灯箱的过程中出现不必要的矛盾，特制定本流程。

1. 各区域灯箱、门头制做由各区域业务负责人统筹安排。

2. 区域业务负责人在决定给零售商做灯箱或门头后要先填写灯箱申请表（申请日期到使用日期至少相距7天），并交给办事处文员。特殊情况可电话申请，但第二个工作日必须补上申请表。

3. 办事处文员在收到业务人员灯箱、门头申请表后，归纳统一上报公司市场部，其间过程不得超过一个工作日。

4. 办事处文员在上报申请后，应致电市场部核实是否收到，并在距使用日期三天时再次致电以确定市场部是否能按时交货，并将获得信息及时反馈给相关业务人员。

5. 业务人员在收到灯箱片、门头后应及时发给零售商，并要在三个工作日内完成拍照工作，用完的胶卷交办事处文员统一冲洗。

6. 业务人员只能为自己区域内零售商申请灯箱片（门头），如因特殊原因要为他人区域零售商申请，应提前通知该区域业务人员，说明原因，共同合作开展工作。否则，该灯箱（门头）由申请人负责安装、拍照。

7. 办事处文员将照片冲洗出来后，各区域业务人员有义务协助文员辨认照片并在照片背部注明区域、零售商名称、何时申请、何时安装。

注：以上规章与公司原制度有相抵触部分以本规定为准，本规定未涉及部分仍以公司原规章制度为准。

附则二 《营业员着装与饰品佩戴标准》

一、穿制服的要求

穿制服时，不宜佩戴任何饰品。在正装之中，制服不仅表示正在工作，而且代表着正统、保守。因此，在穿制服时，尤其是在身着劳作的制服时，营业员以不佩戴任何饰品为好。从根本上来讲，制服不需要刻意装饰。一名身穿制服的营业员，要是佩戴了不少饰品，看上去披金戴银，那样一来，制服的风采便会被冲淡，给别人的感觉不够职业。

二、穿正装的要求

着正装时，不宜佩戴工艺饰品。工艺饰品，在此特指那些经过精心设计、精心制作，具有高度的技巧性、艺术性，在造型、花色、外观上别具一格的饰品。一般而言，工艺饰品多适合人们在社交应酬之中佩戴，借以突出佩戴者本人的鲜明个性。然而，正装的基本风格却是追求共性，不强调个性的，所以营业员在身着正装时通常不宜佩戴工艺饰品，特别是不宜饰戴那些被人们视为另类的工艺饰品，诸如其造型为骷髅、刀剑、异形、女人体的饰品等等。

三、首饰的要求

在工作中，不宜佩戴珠宝饰品。根据质地区分，饰品有珠宝饰品、金银饰品以及仿真饰品之分。所谓珠宝饰品，通常是对以珍珠、翠玉、宝石一类材料制作而成的饰品的泛指。一般而言，珠宝饰品价格昂贵，身价往往尤为他人所关注，所以它更适合在社交场合佩戴。将珠宝饰品与礼服、时装组合在一起，才真正可谓是“最佳搭配”。在工作之中，即便允许佩戴饰品，通常营业员也只宜选戴金银饰品或者索性不戴饰品，而绝对不宜佩戴珠宝饰品，或仿真的珠宝饰品，使自己浑身上下珠光宝气，熠熠生辉。

四、协调的要求

佩戴饰品，不宜彼此失调。营业员假如被许可在工作之中佩戴饰品，也要力求少而精。最好是佩戴两件或两种饰品，需要强调的是，千万不要随意将其“披挂”在身。如果佩戴两种饰品或两件饰品时，一定要尽力使之彼此和谐，相互统一。

在这如何佩戴好两件或两样饰品的问题上，应注意以下三点：

1. 要使两者在质地上大体相同。
2. 要使两者在色彩上保持一致。
3. 要使两者在款式上相互协调。

简言来说，就是要使多种、多件饰品在质地、色彩、款式上统一起来。

符合时间、地点和场合，是着装最基本、最关键的要求。

自古以来，深居简出、依赖男人生存的女性，其服饰并不仅仅为了取悦男性，还是显示身份、维护尊严的手段。现代女性更应懂得，服饰仅仅为美或“女为悦己者容”这种观点已经过时了。

决定今天你该穿哪套服装的因素，不是你的喜好，不是你的情趣，也不是你希望打扮得漂亮出众的愿望，而是你今天到哪里去，你去做什么，你希望得到什么。在这里为你介绍国际通用的着装规范原则，就是说着装要符合时间、地点和场合，不同场合的服装有不同的着装特点，在选择服装时要注意符合这些特点。

（一）职业装

较为正式的场合，应选择女性正式的职业套服；较为宽松的职业环境，可选择造型感稳定、线条感明快、富有质感和挺感的服饰，以较好地表现职业女性的职业能力。服装的质地应尽可能考究，色彩应纯正，不易皱褶。服装应以舒适、方便为主，以适应整日的工作强度。办公室服饰的色彩不宜过于夺目，以免干扰工作环境，影响整体工作效率。应尽量考虑与办公室的色调、气氛相和谐，并与具体的职业分类相吻合。坦露、花哨、反光的服饰是办公室服饰所忌用的，服饰款式的基本特点是端庄、简洁、持重和亲切。

（二）外出职业装

服装款式应注重整体和立体的职业形象，注重舒适、简洁、得体，便于走动，不宜穿着过紧或宽松、不透气或面料粗糙的服饰。正式的场合仍然以西服套裙最为适应；较正式的场合也可选用简约、品质好的上装和裤装，并配以女式高跟鞋；较为宽松的场合，虽然可以在服装和鞋的款式上稍作调整，但切不可忘记职业特性是着装标准。

外出工作，最忌着装具有强烈的表现欲，这是需要努力克制和避免的。色彩不宜复杂，并应注意与发型、妆容、手袋、鞋相统一，不宜咄咄逼人，干扰对方视线，甚至造成视觉压力。所用饰品则不宜夸张。手提包宜选择款型稍大的公务手袋，也可选择优雅的电脑笔记本公文手袋，表现女性自信、干练的职业风采。

（三）晚礼服

晚礼服是用于庆典、正式会议、晚会、宴会等礼仪活动的服饰。

晚装服饰的特色、款式和变化较多，需根据不同的场合和需求的风格而定。闪亮的服饰是晚礼服永恒的风采，但全身除手饰之外的亮点不得超过两个。晚装多以高贵优雅、雍容华贵为基本着装原则，西式的晚装多为开放型，强调美艳、性感、光彩夺目；中式传统晚装以中式旗袍为主，注重表现女性端庄、文雅、含蓄、秀美的姿态。

晚装既讲究面料的品质，也讲究饰品的品质，好的品质可以烘托和映衬女人的社会形象和品质。女人最恰到好处的美是精致，晚装是凸显女性魅力的代表着装，讲究细部的款式和做工的精美。

（四）公务礼服

公务礼服是用于较为正式、隆重的会议、迎宾接待的服饰。

公务礼服是服饰中品位和格调具有代表性和典型性的。服饰的优良品质是最为重要的。色彩应以黑色和贵族灰色为主色，忌用轻浮、流行的时尚色系。做工要精致得体，并应特别注意选配质地优良的鞋子。佩饰应小巧而精美，服饰和佩饰的重点是衬托女人高雅迷人的气质。此类活动较少有充分的交流机会，手提包是你身份的显要表征，应选择质地优良、色彩和谐、款式简洁、精美的手提包。

（五）休闲服

休闲服是为适应现代个性化的生活方式而产生的一类服饰，具有生活服饰和职业服饰的双重性。不少休闲服也成为一些轻松的职业场所适用的服饰。穿着舒适大方，是休闲服的基本特点，成熟优雅是休闲服较高的着装层面。

休闲服较多地体现了回归大自然的生活理念，从面料、款式上更好地与人体亲密接触，体现了服饰与人体之间更亲密、更坦承、更自由、更从容的生命规律，是新时尚、新观念的服饰语言。面料多天然、优质，色彩应亲切、柔和，易于吸汗，不需熨烫等复杂打理。

休闲服要特别避免体臭和服装异味，其高度洁净所表现出来的品质和魅力，甚至会高于其他服饰。

附则三 《营业员行为礼仪规范手册》

一、总则

1. 公司要求每一位员工关心公司发展大业，忠诚本职工作，信守职业道德，讲究公德意识，树立文明服务观念，处处维护公司声誉和企业形象。

2. 公司鼓励每一位员工努力学习科学、文化知识，刻苦钻研业务技术，不断提高操作技能，切实规范个人举止言行和遵守规章制度。

二、职责

1. 按时上下班，杜绝迟到、早退。做好个人、公共环境卫生。工作时间不得擅离岗位，不得大声喧哗、说笑，不得无事乱窜办公室或操作现场。

2. 工作过程中，不准吃东西、听收音机、看电视；不准借用公司电话打私人电话；不准会客谈论私事，不准看与工作无关的书报、杂志等。

3. 服从领导安排，工作有始有终，如有合理意见可及时汇报。会议做好记录，工作汇报或请示以书面形式或电子邮件形式进行。领导交待的任务，的确有困难完成的，应及时报告，不得擅自拖延或随意自行处理。

4. 爱护办公设备（电脑、传真机、复印机、电话等）和生活设施，有计划使用办公物品，注意节约水、电、煤气。

5. 电脑专人管理，非经批准不得私自动用。电脑内保存的文件，非经同意，不得自行删改。

6. 不得粗言秽语、斗气，不得顶撞上司。

7. 不得滥用职权，循私舞弊，以权谋私。

8. 严守企业秘密，不该说的不说，不该问的不问，绝对禁止将公司的印鉴、资质证明、财务文件、经营方案、内部价格、领导电话（住址）提供给不相关的人和外单位。

三、态度

1. “礼貌”是员工对同事、客户的最基本态度。对同事要面带微笑，“请”字当头，“谢”不离口，“您”字挂嘴边。“您好，××公司。”是接通电话时的必用语。

2. “精神”是员工必须保持的风貌。面对繁忙的业务活动，始终要展示姿态优美、意气风发、活力旺盛、信心十足的良好精神风貌。

3."忠诚"是员工对企业必备的品质。有事必报,有错必改;不拉帮结派,不阳奉阴违。以企业的事业为己任,与企业同呼吸共命运。

4."团结"是员工克服困难的法宝。同事间互助友爱,排忧解难,同心协力为创造企业内外和谐的环境而献计献策。

5."协作"是员工正常工作的前提。业务配合,经营合作,管理协调,一切以公务为出发点,以公事为重,不设置障碍,不扯皮、推诿,相互体谅。

6."沟通"是员工增进理解的手段。企业员工的相互沟通是企业信息灵敏、反应迅捷的前提之一,加强与同事、客户的联络,可促使企业经济效益取得事半功倍的效果。

7."效率"是员工按劳取酬的根本。提高工作效率,用最小的成本取得最大的经济效益、社会效益,是企业追求的终极目标,也是员工获得丰厚回报的基础。

8."尽责"是员工为企业服务的准则。无论是经营业务还是内部管理,都应以公司制度为本,按岗位职责行事,依运转规程操作,发扬求是精神,把工作落到实处。

9."威信"是员工体现综合素质的尺码。一切处以公心,一切服从大局,一切源于实践,一切心系基层,以赢得他人信赖和尊敬。

四、礼仪

1. 仪容仪表。公司员工着装要求一律以正装和工服为准,并配戴工卡。男士要求:剪短发不留胡须,不着奇装异服。女士要求:化淡妆;不留怪异发式;不得佩带3件以上的首饰。未领工装的员工要求穿职业装。

2. 举止要求。

(1) 每天上班应以最佳的精神面貌出现于工作场合，工作时间内排除一切个人情绪，以积极向上、热情乐观的工作态度示人。

(2) 上班坐姿要端正，切忌出现“趴、躺、歪”等不雅体态，站立要双手下垂或双手轻握放于体前。

(3) 部门之间、上下级之间、同事之间工作接触首先要点头微笑，相互致意后谈工作。到其他部门办事要先敲门，得到允许后方可进入。进出时脚步要轻，动作温和，切忌莽撞、粗鲁或不请自入。

(4) 对人要友善、和蔼；谈话要音量适中，以对方能听清为准，不得大声喧哗、嬉闹、争吵。

3. 接打电话。

(1) 电话铃响两遍后，无论是否专职接待人员，公司员工都应马上接答：“您好，×××”或“您好，×××部”等规定用语。

(2) 来电致意后要婉转询问对方贵姓、单位、有何贵干，若对方不愿透露则不应勉强；如对方指定某人接听，则可先答“请稍候!”，然后看该位员工能否接听，如不能则请对方留言，以便回复。

(3) 通话结束，要等对方先挂机，以示尊重。

(4) 接打电话应力求简洁，不可闲谈与工作无关的事，也不可高声讲话影响他人。

4. 接待拜访。

(1) 对光临公司的客户都应主动热情招呼入座，问明来意后，直接回答其问题，或请客户饮茶（水）稍候，让有关人员接待；若相关人员不在或不便接待，应向客户委婉解释原因并请客户留言以便稍后处理。

（2）如与客户初次见面，应视需要奉送名片，此时应将名片阅读方向面朝客户一方，用双手捏住名片的边缘以恭敬的姿态递给对方；接客户名片时应以双手承接，并以专注神态认真阅视后当面妥善收好并言谢。若与领导一并接待或拜访客户时，则应在领导与客户交接名片后再视需要与客户交换名片。

（3）回答客人的咨询和提问时应保持微笑的面容，以耐心、热情的态度予以专业解答。

（4）任何员工在接待来访客户时不能谈私事或请客户帮私忙，更不能对客户有超越职权范围的承诺和显露出对公司和其他人的不满。

《农民实用知识读本》系列丛书

书号	书名	定价
F·1470	怎样利用国家对“三农”的优惠政策	15.00
F·1453	怎样领取国家财政给农民的各种补贴	15.00
F·1463	怎样利用农村小额贷款	15.00
F·1471	如何参加农民养老、医疗、救助等社会保障	15.00
F·1451	农民经营注意事项	15.00
F·1421	农村产权问答	15.00
D·0069	农村妇女儿童如何保护自己的权益	15.00
F·1468	农村土地流转应注意的问题	15.00
F·1420	做一名合格的餐厅服务员	15.00
F·1417	做一名合格的前厅服务员	15.00
F·1419	做一名合格的客房服务员	15.00
R·0011	做一名合格的养老护理员	15.00
G·0033	做一名合格的育婴员	15.00
G·0031	做一名合格的保育员	15.00
TS·0009	做一名合格的保洁员	15.00
F·1467	做一名合格的家政服务员	15.00
D·0067	做一名合格的保安	15.00
R·0013	做一名合格的护工	15.00
F·1422	做一名合格的营业员	15.00

书号	书名	定价
F·1423	做一名合格的收银员	15.00
R·0012	做一名合格的营养配餐员	15.00
R·0010	做一名合格的验光配镜员	15.00
F·1416	做一名合格的仓储保管运输员	15.00
S·0010	做一名合格的洗染织补员	15.00
F·1433	如何回收挑选和加工废旧物资	15.00
F·1418	烟花爆竹营销注意事项	15.00
TS·0012	如何加工茶叶	15.00
TS·0016	如何进行蜂产品加工和检验	15.00
TS·0013	如何进行蔬菜加工	15.00
TS·0015	如何进行果品加工	15.00
TS·0020	如何进行野生植物原料加工	15.00
S·0018	如何给庄稼“看病”	15.00
TS·0011	茶叶与茶艺	15.00
F·1472	农村商品收购注意事项	15.00
S·0020	如何进行农业专用机械操作	15.00
TS·0019	如何进行水产品原料处理	15.00
S·0019	如何做一名护林员	15.00
TS·0018	如何进行棉花的加工	15.00
TS·0017	如何进行剑麻的加工	15.00
TQ·0001	如何进行天然橡胶的加工	15.00
TS·0014	如何进行竹、藤、麻、棕、革制品的加工	15.00
S·0021	如何做好动物疫病防治	15.00